河北省社会科学基金项目（项目编号：HB17YJ028）成果

京津冀金融生态协同创新驱动产业升级的对接口径研究

许冀艺◎著

中国财经出版传媒集团

经济科学出版社
Economic Science Press

图书在版编目（CIP）数据

京津冀金融生态协同创新驱动产业升级的对接口径研究／许冀艺著．—北京：经济科学出版社，2020.10
ISBN 978－7－5218－2020－1

Ⅰ.①京…　Ⅱ.①许…　Ⅲ.①区域金融－产业结构升级－协调发展－研究－华北地区　Ⅳ.①F832.72

中国版本图书馆 CIP 数据核字（2020）第 210429 号

责任编辑：张　燕
责任校对：刘　昕
责任印制：邱　天

京津冀金融生态协同创新驱动产业升级的对接口径研究
许冀艺　著
经济科学出版社出版、发行　新华书店经销
社址：北京市海淀区阜成路甲 28 号　邮编：100142
总编部电话：010－88191217　发行部电话：010－88191522
网址：www.esp.com.cn
电子邮箱：esp@esp.com.cn
天猫网店：经济科学出版社旗舰店
网址：http://jjkxcbs.tmall.com
固安华明印业有限公司印装
710×1000　16 开　11 印张　200000 字
2020 年 12 月第 1 版　2020 年 12 月第 1 次印刷
ISBN 978－7－5218－2020－1　定价：58.00 元
（图书出现印装问题，本社负责调换。电话：010－88191510）

前　言

京津冀协同发展已上升为重大国家战略，在国家现代化建设大局和全方位开放格局中具有举足轻重的战略地位。京津冀区域经济的可持续发展需要依靠产业水平和产业结构的不断升级和优化。产业水平的升级直接关系到产业结构的优化。随着第一、第二产业生产效率的提高，必将释放出更多的劳动力、资金等资源，为第三产业的发展提供支持，从而实现产业结构优化。

在国家宏观战略的指引下，本书针对京津冀产业升级的具体需要，研究金融生态协同创新的对接口径。从区域金融政策设计、金融生态运行机理、主体协作、金融业务、金融工具等金融生态系统的子环节进行分析和研究，探索金融生态与产业升级相互依存、相携发展的可行性方略，并试图发掘其在国内其他区域进行推广的价值。

金融对产业升级的促进，本质上是提高微观经济主体的资源配置自由度，通过金融工具解放要素所受到的生产关系束缚，构建更加有利于微观市场进行资源有效配置的金融生态。京津冀产业升级离不开协同创新的金融生态良性循环优势。金融生态是一个开放的、复杂的动态交叉系统，通过协同创新能够实现金融生态各环节深度融合和对接，突破区域经济发展中存在的深层次矛盾和问题。京津冀金融生态协同创新有利于促进金融资源在更大区域范围内的合理流动和科学配置，充分调动金融发展的配置效率、运行效率和信息效率，进一步优化区域金融空间布局，更好地理顺金融生态链条上的各个环节，有效驱动产业升级，实现京津冀经济错位协同、功能互补、合作共赢。金融生态给予生产要素自由流动越完善的“基础设施”就越有利于产业升级。金融生态赋能产业升级，产业升级推动经济增长反哺金融生态，从而实现金融生态与产业升级的良性循环。

全书共有八章，第一章对金融生态与产业升级的相互依存性进行分析；第二章介绍了京津冀产业升级的基本情况；第三章分析了京津冀产业升级的金融需求着力点；第四章对京津冀区域金融生态系统驱动产业升级的薄弱环节进行了详细的分析；第五章在对京津冀金融生态的资源配置现状进行分析的基础上，对其资源配置效率进行测度，并对影响资源配置效率的主要因素进行深度剖析；第六章探讨了京津冀金融生态协同创新中存在的问题；第七章梳理了国内外金融支持产业升级成功的经验，以期对京津冀产业升级有所启迪；第八章研究京津冀金融生态协同创新与产业升级的多维度对接口径。

综观全书，有以下特色。

一是综合性。本书是在新常态、金融供给侧改革的宏观经济背景下，研究如何通过金融生态创新驱动京津冀产业升级。

二是实践性。置于开放的国际金融思维，突破单个省市金融生态闭区间内驱动产业升级的“囚徒困境”，探索金融生态系统层面的“供给侧”改革，聚焦京津冀产业升级的关键点，寻求金融生态协同创新口径。

三是创新性。金融生态优化的内在规律就是顺应产业升级的需求，将资源配置到某一特定发展阶段最具比较优势的产业活动中去。而伴随着产业升级的发展，新的金融需求会不断产生，金融生态协同创新是一个动态变化的研究领域。

在本书的写作过程中，笔者投入了大量的精力，倾注了浓厚的研究兴趣，但因能力与水平有限，再加上经验、视野和时间不足，书中难免存在疏漏之处，在此恳请读者批评指正。

许冀艺

2020 年 8 月

目　　录

第一章　金融生态与产业升级的相互依存性

京津冀协同发展在国家现代化建设大局和全方位开放格局中具有举足轻重的战略地位。京津冀区域经济协同发展作为国家规划蓝图中的重要板块之一，具有鲜明的先导效应和示范效应。在2015年4月中共中央政治局会议审议通过的《京津冀协同发展规划纲要》中，以国家发展战略的形式对京津冀协同发展的重要性进行了强调，提出了在短期内要实现京津冀产业升级调整的率先突破。产业升级是推进京津冀经济协同发展的第一要务，京津冀金融生态协同创新是促进产业升级的核心驱动力。产业升级离不开协同创新的金融生态良性循环优势。金融生态是一个开放的、复杂的动态交叉系统，通过协同创新能够实现金融生态各环节深度融合和对接，突破区域经济发展中存在的深层次矛盾和问题。京津冀金融生态协同创新有利于促进金融资源在更大区域范围内的合理流动和科学配置，充分调动金融发展的配置效率、运行效率和信息效率，进一步优化区域金融空间布局，更好地理顺金融生态链条上的各个环节，有效驱动产业升级，实现京津冀经济错位协同、功能互补、合作共赢。

金融生态与产业升级具有很强的相互依存性。一方面，金融生态通过为资金的供给者和需求者提供融资平台、融资服务、金融产品、相关信息，实现生态系统畅通循环，发挥对金融资源的合理配置功能，引导产业升级；另一方面，产业升级可以提升生产效率，带动企业绩效的提升，实现微观企业的利润最大化，提高宏观经济国民收入水平，为金融生态系统释放持续的资金流和金融服务。

第一节　金融生态与产业升级的内涵

一、金融生态的研究

（一）金融生态概念的源起

美国生态学家麦肯兹在20世纪20年代用自然生态学的相关理论和概念对人类经济社会展开研究，提出了经济生态学。20世纪70年代，美国经济学家肯尼斯·鲍奈丁对经济生态学的内涵进一步完善。20世纪90年代至21世纪初，美洲和亚洲的多个国家爆发了对经济非常具有颠覆力的金融危机，例如，以墨西哥、阿根廷为代表的拉丁美洲国家接连发生的金融危机以及被克鲁格曼成功预言的东南亚金融危机等。一系列金融问题的发生显示出传统金融理论在实战层面的滞后，金融理论迫切需要迭代更新。

国内学者的金融可持续发展理论是萌生“金融生态”概念的直接理论起点。2001年，我国金融学者白钦先首次提出金融生态环境这一概念，2007年，金融生态被写入了总理报告。白钦先（2001）基于传统金融理论将“金融资源学说”植入金融研究中，认为金融的长期稳健发展和高效运行的关键是金融资源得到充分运用与合理配置。而健全的金融体制和完善的金融运行机制是金融资源得到充分运用与合理配置的基础。金融是一种特殊的资源，它既是资源配置对象，又是调动其他资源的方式或手段。白钦先在系统阐述“金融资源观”时特别指出，金融是不可滥用的稀缺资源，对其进行合理利用是经济长期持续增长的重要保障。基于金融可持续发展理论基础的“金融生态环境”这一概念的提出，研究者开始重视外部环境对金融发展的影响。受经济生态学理论基础的启蒙，2004年，中国人民银行行长周小川在“经济学50人论坛”报告中首次正式引入“金融生态”的概念。周小川认为，现有的金融理论主要从金融主体内部分析金融运行与发展不足的问题，忽略了金融主体外部因素影响研究。他以一个新的视角审视金融自身、金融外部环境及金融与经济关系等问题，强调从政治、经济、信用、法制等外部环境因素综合作用下的生态系统角度，探讨金融生长、运行与发展，实现金融资源有效利用，防范金融风险产生。

（二）金融生态理论研究

金融生态本质上是指各金融机构与其生存和发展的外部环境之间，通过相互影响、相互作用的自身调节机制，寻求动态平衡的一种状态。目前，国内关于金融生态相关研究成果已逐渐丰富。学者们普遍沿用周小川的理论，在研究金融生态理论时，主要以生态学理论及生态系统特征为基础。韩国文和王浩权（2008）首次以金融生态具有自组织性的特征阐述金融生态学的基本规律；徐诺金（2007）在《金融生态论》中不仅转引了韩国文的论述，而且认同金融生态系统兼具的“生命性”和“自组织性”双重特征，开启了金融生态自组织性学术探讨之门。韩廷春和赵志赟（2009）选取了适当的指标度量中国的金融生态主体、金融生态环境以及经济增长的影响因素，对中国的金融生态演进及其如何影响经济增长的内在机制进行经验剖析，指出中国应当致力于金融市场的规范发展，推进投融资机制的市场改革，积极实现储蓄向投资转化比率的提高。韩廷春和喻伟（2010）以三个典型的国家——美国、日本、德国为例，运用聚类分析、时间序列分析等统计方法，依据生物生态系统的研究范式“类型判定—进化分析—稳定性分析”，建立起一套金融生态系统的衡量体系，明确地指出金融生态系统和生物生态系统之间具有高度的相似性。王静和孙园青（2010）创造性地把尖点突变模型（突变理论是一种描述自然与社会活动中不连续变化现象的数学理论）应用于金融生态系统中，得出金融生态环境的完善可以约束企业的失信行为从而提高整个金融生态系统质量的结论，提供了一种研究金融生态系统变化的方法。经过白钦先、周小川、徐诺金等国内学者的持续研究和不断完善，用生态学研究金融已经发展成为金融理论与实践研究的一个重要视角。

（三）金融生态的内涵

金融生态概念的提出和发展，不是单纯地将一个其他学科的术语简单地引入，而是经济学家在大量理论研究的基础上，对金融在整个经济发展过程中核心价值的重新认识。由于“金融生态”是由中国专家学者首先提出，因此，金融生态问题的研究具有较强的中国特色。

广义的金融生态是包括金融工具、金融主体及其生成、运行和发展的经济、社会、法律、习俗等一系列体制制度和环境的总和。其中，金融主体包括金融机构（即金融中介）和金融服务消费群体（由居民、企业、政府等部门构成）。本书基于广义的金融生态研究视角。狭义的金融生态即金融生态环境，是金融业运行的外部大环境，涵盖地方政府治理、信用水平与制度文化等一系列因素，是能够为金融业活动带来收益与增值的各类相互作用的内生与外生变量的动态集合。

二、产业升级的内涵

国内外学者虽然对产业升级及其存在的问题研究已久，但是，直到现在，对于产业升级内涵的解释尚存在差异。

（一）国外学者从不同角度对产业升级内涵的解读

国外学者从不同角度研究产业升级，主要包括以下三个方面。

1. 价值链视角的产业升级

美国哈佛商学院迈克尔·波特（Michael Porter，2005）于1985年提出从价值链视角分析产业升级。波特认为，产业升级是通过产业内要素转移来实现的，当一个国家的资本和技术相对于土地、劳动力及其他资源更充沛时，国家就会推动资本和技术密集型产业的发展。将产业升级界定为企业从劳动密集型向资本和技术密集型实体发展的过程。产业升级应该向“微笑曲线”的两端延伸，向科技研发、知识产权、高端品牌和服务个性化发展。

格瑞芾（Gereffi，1999）认为，从全球价值链的视角，制造商可以通过全球买家的反馈来优化产业链，使制造商为买家更复杂的产品需求进行设备升级，具体而言，表现为企业内部、经济层面、产业层面、产业间四个维度的产业链优化。全球价值链强调全球生产和分销系统。

哈姆斐和施密茨（Humphey & Schmitz，2000）通过对亚洲和非洲19个产业集群发展规律的归纳与分析，提出了“数量扩张期”与“质量提升期”两个阶段的产业升级路径理论。

总之，从价值链视角，产业升级分为生产者驱动、购买者驱动和（生产者和购买者）混合型驱动三种模式。生产者驱动型产业升级的方向是价值链的上游，如设计研发、专利权、系统集成等环节；购买者驱动型产业升级的方向是价值链的下游如营销、售后服务、物流及品牌等环节；混合型驱动产业升级的方向依所属产业的特点相机抉择。

2. 产业转移和集聚视角的产业升级

英国学者巴克利、卡森和加拿大学者拉格曼（Peter J Buckley，Mark Casson & A M Rugman，1976）以不完全竞争为假设条件，将跨国公司作为研究对象，提出企业为实现利润最大化，将中间产品（包括知识产权在内）在企业内部转让，母公司所在国的生产结构因此而改善。

3. 产业结构视角的产业升级

普恩（Poon，2004）认为，产业升级是制造业由低价值向高价值生产的提升过程。艾腾博格等（Altenburg，Schmitz & Stamn，2008）认为，中国、印度等发展中国家应通过知识创新、技术创新缩小与发达国家的产品差距。阿扎德干等（Azadegan et al.，2011）认为，产业升级就是制造技术按照一定有序和有规律的方式由简单到复杂的一个逐步发展过程。哈姆斐和施密茨（Humphrey & Schmitz，2002）认为龙头企业制定和形成新的目标，相关公司研发和改善出新产品，从而达到产业升级。

（二）国内学者对产业升级内涵的认识

1. 产业升级等同于产业结构升级

国内学者对于产业升级的研究起步较晚。徐东华（1999）认为，产业升级体现的是产业结构整个体系和制度的变化。刘志彪（2000）与格瑞芾（Gereffi，1999）等的观点一致，认为产业升级就是产业结构由低技术水平、低附加值状态向高新技术、高附加值状态的演变趋势。刘建江等（2004）认为，应该以信息技术为中心的新兴制造业为主导产业，将低层次的劳动密集型过渡到资本密集型和技术密集型制造业。高燕（2006）认为，产业升级是产业结构的转变和产业结构效益增加的过程。李春景等（2006）也认为，中国第一、第二、第三产业在国民生产总值中所占比例应依次递增，由劳动密集型向资本、知识密集型产业发展。总之，这些学者认为产业升级等同于产业结构升级。

2. 产业升级不同于产业结构升级

在国内，相当数量的学者认为产业结构升级与产业升级的内涵不一致。徐佳宾（2005）认为，产业升级既是产业结构提升的过程，也是产业素质提升的过程。李江涛和孟元博（2008）指出，产业升级是产业结构升级和产业深化发展的结合，其中产业深化发展表现在四个方面，即产品品种的增加、产品质量的提高、产品工艺的改进以及产品生产价值链的提升。

也有学者认为处理好一些产能过剩和“僵尸”企业就是产业升级，即供给侧结构性改革，以产品质量的提高为切入点，强调市场在资源配置中的重要作用，灵活对标需求的变化，进行结构调整，提高全要素生产率水平，促进社会经济可持续发展。

（三）产业升级内涵及其发展趋势

从产业升级的研究历程来看，可以从宏观和微观两个角度对产业升级内涵进行理解。从微观层面上看，产业升级是指企业通过持续创新和技术进步，通过生产高附加值的产品、提升产品竞争力并获取更高收益。从宏观层面上看，产业升级是指产业结构由第一、第二产业向第三产业倾斜以获取全球价值链中产业地位的提升。

在当前全球经济的复杂情况下，中国国内经济增速减缓，单独从宏观或者微观角度理解产业升级的内涵，不能全面地反映产业升级真实状况和现实需要。因此，对产业升级内涵的理解必须要与时俱进，将微观与宏观层面相结合。研究者会越来越关注产业结构升级与价值链升级是否同步以及各自的内在联系。基于此趋势，本书所指的产业升级包括产业结构升级和产业水平升级。其中，产业水平升级按照哈姆斐和施密茨（Humphey & Schmitz，2002）所概括的，分为工艺流程升级、产品升级、功能升级和链条升级四种路径，包括产业技术升级和产业转移升级两种常见方式。

第二节　金融生态与产业升级的相互依存性分析

技术进步和资金投入是影响产业升级的重要因素，技术进步也受创新能力和资金投入的影响，而资金投入主要受制于地区金融发展水平。随着社会经济的不断发展，金融生态的发展与产业升级存在着越来越显著的相互依存性。

一、金融生态的优化对产业升级的“溢出效应”

金融生态体系通过多种方式将闲置分散的资金集中起来，然后再有效率地分配到有资金需求的产业而转化为投资，资金在各个生产部门的流转对企业的各种生产要素进行再分配，进而推动产业结构升级。具体来说，金融生态的优化通过成本效应、引导效应和风险识别效应推动产业升级，促进经济向质量效率型经济转变。

（一）成本效应

产业升级是整体产业高附加值的提升过程。金融对产业升级的切入点是影响企业的融资行为。金融生态的优化有助于提升企业融资的可得性，增强企业生产和销售环节的资金分配宽裕度和灵活度，帮助企业扩大市场份额，提高品牌知名度，实现规模经济，降低融资成本。

（二）引导效应

金融生态优化会更好地引导资本从低收益企业流向高收益企业。金融机构通过金融市场与各种经济主体产生联系，凭借其广泛的信息面，通过较为成熟的项目评估手段对企业未来的利润值进行预估和研判，从而选择最优投资策略。通过甄别投资回报率、竞争力、发展潜力选择值得投资的企业。此外，政府会通过税收或者补偿等措施引导金融机构扶持新兴产业。

商业性金融机构和政策性金融机构通过不同的资本运作方式发挥扶优补弱的功能助推产业升级。商业性金融机构追求高的投资回报，倾向于引导资金从预期收益率较低、发展潜力较小的行业流向预期收益率高、有发展潜力的行业，对金融资源进行有效配置，实现产业升级；政策性金融机构依据中央银行的政策调控需要对重点产业的发展进行资金支持，对夕阳产业的发展进行限制，来弥补市场缺陷，使政府的产业升级政策得以实施。

（三）风险识别效应

从理论上讲，新项目、新行业的出现有利于发现新的经济增长点，促动产业升级。但是，不容忽视的是，新项目、新行业的出现会受到经济主体的认识、决策、市场的接受程度等方面因素的影响，具有很多不确定性，故而存在诸多风险。金融生态系统中的金融中介对新项目、新行业的各方面信息进行量化和分析，以便识别和衡量风险。例如：风险投资机构通过信息甄选，选择具有潜力和预期回报较高的项目进行投资，推动技术的市场化，在时机成熟后通过 IPO 上市、股票回购等方式实现资本退出，促进资本进入新兴产业推动产业升级。金融生态还可以动员多种组合投资工具为不同风险偏好的投资者提供风险规避机制，实现产业升级资金的良性循环。

二、产业结构升级对金融生态的反馈效应

金融生态体系从根本上是为产业发展提供融资渠道、金融服务的。产业结构升级是伴随着其内部产业规模和比重调整的过程。在产业升级的动态变化过程中，各产业在某一个环节或某一个阶段的金融需求也会相应变化。这种需求端的变化对金融生态供给侧的调整和改变提出了要求。这一过程可以归纳为：产业结构调整与优化——产业规模、比重变化——资金、融资渠道、金融服务等需求变化——金融生态供给侧改革。在不同的区域，由于产业结构和资源禀赋不同，所以各区域产业规模存在差异，从而决定了相异的资金需求规模。在产业结构升级过程中，第三产业规模在整个产业结构中的比重会适度提高，这在一定程度上又会影响金融生态的资金链和融资规模的调整，从而促进金融生态中金融主体参与投融资的资金规模扩张、金融工具的迭代创新、融资方式的改变以及金融服务的便捷化、智能化和多样化。

从技术层次来看，伴随产业结构升级产生的技术创新和制度创新以及引发的生产方式变革，对金融生态中各金融主体（尤其是金融机构）的风险识别、风险防范、风险控制提出了更高的要求。

三、金融生态与产业升级的激励相容机制

如前面所述，广义的金融生态是包括金融工具、金融主体及其生成、运行和发展的经济、社会、法律、习俗等一系列体制制度和环境的总和。金融主体包括金融机构（即金融中介）和金融服务消费群体（由居民、企业、政府等部门构成）。金融服务消费群体决定着金融发展规模，相宜规模的金融发展能有效地通过直接金融或间接金融市场动员储蓄、募集资金，发挥市场资源配置的作用，将这些募集的社会资金投入边际收益较高的产业；金融主体生成、运行和发展的经济、社会、法律、习俗等一系列体制制度影响着金融发展结构及其效率。优化金融发展结构，更好地发挥金融多元融资、分散风险的资本导向机制，从制度上激励金融机构加大对民营和小微企业等国民经济重点领域和薄弱环节的支持力度，推动技术创新。金融主体生成、运行

和发展的经济、社会、法律、习俗等一系列体制制度和环境总和，包括高等教育情况、对外经济开放程度以及政府对科技创新的支持，有利于培育优质的金融主体，提高金融资源配置效率。如图 1 - 1 所示，政府更好地培育市场主导，减少“有形之手”对市场的干预，积极优化金融信息处理、金融资源配置的外部环境，充分发挥金融信用扩张机制，优化产业资产结构，促使企业进行管理创新，实现产业组织的合理化。

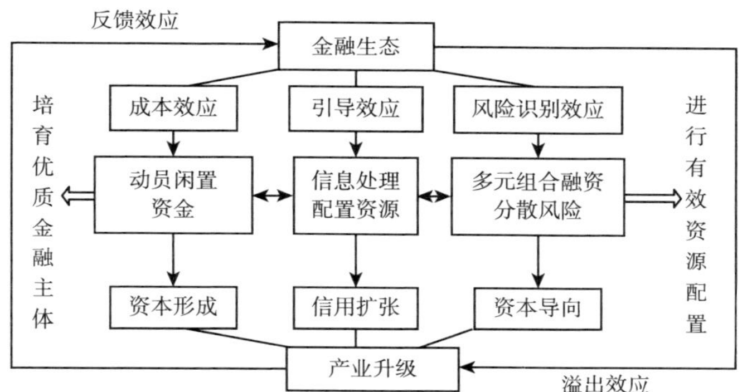

图 1 - 1　金融生态与产业升级的相互依存性示意

资料来源：笔者整理。

第二章　京津冀产业升级的基本情况

目前，京津冀产业布局正在进入新一轮大规模调整周期，北京市产业对外疏解、转移拉开了这轮产业转移与对接协作的序幕，天津市和河北省紧紧抓住协同发展的“牛鼻子”，持续深化全方位对接合作，精准、错位、有序承接北京非首都功能。

第一节　京津冀产业分布总体情况

一、京津冀产业升级的空间格局与战略定位

京津冀空间规划涉及交通、生态、产业、科技、教育等12个专项。其中，产业升级定位为重点突破专项，以期在2020年，在优化京津冀产业分工和布局、优化经济和空间结构、明确产业发展定位和加快产业转型升级四个方面取得显著的协同成效。

（一）京津冀协同发展的历史沿革

追溯京津冀协同发展进程，始于1992年“环渤海经济区”，具体如下所述：

1992年，中共十四大报告提出加速“环渤海湾地区”的开发开放，国家计委正式启动《环渤海地区经济发展规划纲要》的编制工作；

1993年，河北省确定“环渤海、环京津（即两环）开放带动”战略；

1996年，全国人大八届四次会议提出“环渤海综合经济圈”；

1998年，北京市提出“首都经济”战略；

2001年，《京津冀城乡规划》出台；

2004 年 2 月，国家发展和改革委员会地区经济司形成了加强区域合作的“一体化”格局，宣布启动《京津冀都市圈区域规划》编制工作；

2008 年，国家发改委编制完成了《京津冀都市圈区域规划》，京津冀都市圈的规划包括“2 + 8”个城市，即北京市、天津市与河北省的石家庄市、唐山市、廊坊市、秦皇岛市、沧州市、保定市、承德市、张家口市；

2014 年 2 月 26 日，中共中央总书记习近平视察北京工作，京津冀协同发展正式上升为重大国家战略；

2015 年以后，伴随着《京津冀协同发展规划纲要》《“十三五”时期京津冀国民经济和社会发展规划》等政策文件相继出台，京津冀有了区域协同发展的行动纲领及产业协同发展的谋篇布局；

2017 年 4 月，河北雄安新区开始建设，雄安新区和北京城市副中心成为北京中心城区各类产业域内域外疏解的承载地；

2019 年 1 月，习近平在三省市考查，并主持召开京津冀协同发展座谈会。

地方层面，尤其是实施京津冀协同发展战略以后，推进京津冀产业分工合作的各项政策相继出台，如《北京市新增产业的禁止和限制目录》《北京城市副中心控制性详细规划（街区层面）(2016 年 ~2035 年)》《河北雄安新区总体规划（2018 ~2035 年)》等。三地紧紧围绕《京津冀协同发展规划纲要》，优势互补，通力协作，区域间产业分工合作加速推进，区域综合实力不断增强。

（二）京津冀产业升级的新格局

在京津冀协同发展概念出现之前，京、津、冀三地的产业层次与产业结构相差甚远。北京的科技创新成果 90% 以上转化到“长三角”地区和“珠三角”地区。

京津冀协同发展概念出现之后，京津冀区域产业协同发展成效明显。京津冀区域优先发展第三产业，在推进工业和服务业的产业结构升级的同时，积极培育高新技术产业，产业发展新格局逐步形成，第三产业逐步成为驱动京津冀区域在全国经济地位稳步提升的生力军，推动国民经济整体质量和效率的提升。

1995 ~2018 年京津冀三次产业增加值如表 2 - 1 所示。从经济总量看，2018 年，京津冀三地地区生产总值合计 8.5 万亿元。其中，北京地区生产总值为 3.03 万亿元，按可比价格计算，比 2017 年增长 6.6%；天津地区生产总值为1.88万亿元，比2017年增长3.6%；河北地区生产总值为3.6万亿元，比2017年增长6.6%。从经济结构转变趋势来看，京津冀地区三次产业比重从2000年的9.86：44.54：45.6调整至2018年的4.3：34.4：61.3，第二产业比重18年来下降了10.1个百分点，同时第三产业比重上升了15.7个百分点，区域产业发展的“三、二、一”格局逐步巩固。

表2-1　　1995~2018年京津冀三次产业增加值　　单位：亿元

年份	第一产业增加值			第二产业增加值			第三产业增加值		
	北京市	天津市	河北省	北京市	天津市	河北省	北京市	天津市	河北省
1995	72.16	60.80	631.34	645.81	518.55	1322.77	789.72	352.62	895.41
1996	73.36	67.67	700.94	714.65	609.10	1664.61	1001.19	445.16	1087.42
1997	73.98	69.52	761.76	781.85	676.01	1934.38	1219.80	519.10	1257.64
1998	74.87	74.14	790.60	840.57	697.99	2084.33	1460.53	602.47	1381.08
1999	87.48	71.01	805.97	840.23	711.93	2243.59	1246.75	667.12	1519.63
2000	89.97	73.54	824.55	943.51	820.17	2559.96	1445.28	745.65	1704.45
2001	93.08	78.55	913.90	1030.60	904.64	2767.41	1721.97	856.91	1896.47
2002	98.05	84.21	957.01	1116.53	1001.90	3046.00	1998.13	965.26	2119.52
2003	95.64	89.66	1064.33	1311.86	1245.29	3657.19	2255.60	1112.71	2377.04
2004	102.90	102.29	1370.40	1610.37	1560.16	4635.23	2570.04	1269.43	2763.16
2005	97.99	112.38	1503.07	2026.51	2051.17	5232.50	4761.81	1534.07	3360.54
2006	98.04	118.23	1606.48	2191.43	2488.29	6115.01	5580.81	1752.63	3938.94
2007	101.26	110.19	1804.72	2509.40	2892.53	7241.80	6742.66	2047.68	4662.98
2008	112.81	122.58	2034.60	2693.15	3821.07	8777.42	7682.07	2410.73	5376.59
2009	118.29	128.85	2207.34	2855.55	3987.84	8959.83	9179.19	3405.16	6068.31
2010	124.36	145.58	2562.81	3388.38	4840.23	10707.68	10600.84	4238.65	7123.77
2011	136.27	159.72	2905.73	3752.48	5928.32	13126.86	12363.18	5219.24	8483.17
2012	150.20	171.60	3186.66	4059.27	6663.82	14003.57	13669.93	6058.46	9384.78
2013	161.83	188.45	3500.42	4352.30	7276.68	14762.10	14986.43	6905.03	10038.89
2014	158.99	199.84	3447.46	4544.80	7731.85	15012.85	16627.04	7795.18	10960.84
2015	140.21	208.82	3439.45	4542.64	7704.22	14386.87	18331.74	8625.15	11979.79
2016	129.79	220.22	3492.81	4944.44	7571.35	15256.93	20594.90	10093.82	13320.71
2017	120.42	168.96	3129.98	5326.76	7593.59	15846.21	22567.76	10786.64	15039.70
2018	118.69	172.71	3338.00	5647.65	7609.81	16040.06	24553.63	11027.12	16632.21

资料来源：《中国统计年鉴2018》。

通过对北京非首都功能疏解转移的承接，天津和河北的产业结构都在不断优化，服务业比重均逐年增加。具体而言，以 2018 年为例，根据国家统计局问卷调查和各地统计局开展的大数据分析报告显示，三地产业结构变化如下。

北京：服务业对全市经济增长的贡献率达到 87.9%，其中，金融、科技服务、信息服务等行业在全市地区生产总值中的占比合计达到 40.1%，比 2017 年提高 1.8 个百分点。规模以上工业中，高技术制造业继续保持两位数增长，增速为 13.9%，快于规模以上工业增速 9.3 个百分点，对规模以上工业增长的贡献率达到 66.3%。

天津：服务业对全市经济增长的贡献率达到 87.2%，规模以上战略性新兴服务业、高技术服务业保持较快增长，营业收入分别增长 9.2% 和 11.9%；规模以上工业中，高技术制造业和战略性新兴产业增加值增速分别为 4.4% 和 3.1%，分别快于全市工业平均水平 2 个和 0.7 个百分点。

河北：服务业比重首次超过第二产业，对经济增长的贡献率达到 65.5%。与此同时，新动能不断壮大，工业战略性新兴产业和高新技术产业增加值分别增长 10% 和 15.3%，增速分别比规模以上工业快 4.8 个和 10.1 个百分点。

京津冀区域间产业合作的范围逐步扩大和深化。京津冀第一产业合作主要体现为“农业企业 + 基地 + 科研机构”的合作模式；第二产业合作体现在产业梯度转移和跨行政区产业链形成；第三产业中现代信息传输、软件和信息技术服务，现代交通运输、仓储和邮政服务业，现代租赁和商务服务业，现代批发零售服务业四大行业成为新的增长支撑点。

京津冀依托产业新城建设、产业园区共建、合作示范区建设，在金融、商贸服务、旅游会展、现代制造、现代农业的合作中取得了实质性进展。邯郸承接建设中电科技园，沧州承接建设北京生物医药产业园，石家庄、邢台承接大量北京的电子信息和节能环保企业，唐山曹妃甸新城初步建成并启用。根据北京市统计局 2019 年发布的数据显示，2018 年北京输出到天津市、河北省的技术合同成交额达 227.4 亿元，比上年的增长 11.8%。北京现代沧州工厂、北汽福田、北京威克多等一批项目已经在河北落户。此外，河北省利用廊坊、保定、石家庄、沧州等地商贸物流产业基础和交通优势，积极承接北京区域性批发市场（如北京的“动批”“官批”、大红门等）转移，推动一批承接北京市场疏解转移项目有序落地。截至 2019 年 3 月，曹妃甸示范区累计签约北京项目130余个，天津滨海—中关村科技园挂牌以来新增注册企业达到941家，中关村企业在津冀设立分支机构累计达7300多家。京津冀多年的产业协同实践，也已经摸索出诸多的产业分工和合作模式，其中，固安深化与清华、北大、航天科技、航天科工等机构合作，建设京南创新产业新城，衡水集聚中科院多个研究所建设科技谷，张家口建设大数据基地，天津、保定、秦皇岛等地依托与中关村的合作，集聚科技创新资源。这些模式涵盖了第一、第二、第三产业，不仅有双方合作模式也有多方合作模式，主要包括“共建产业创新区”“总部（京津）+基地（河北）”“飞地经济”“定点销售（京津）+基地（河北）”等。

二、京津冀产业升级的战略定位

（一）京津冀协同发展战略中的功能定位

京津冀协同发展战略中关于区域整体功能四大定位中第一个是“以首都为核心的世界级城市群”。其中，北京的定位是“四心一都”，即全国政治中心、文化中心、国际交往中心、科技创新中心和国际一流的和谐宜居之都；天津的定位为“一基三区”，即全国先进制造研发基地、北方国际航运核心区、金融创新运营示范区、改革开放先行区；河北省的定位是“一基三区”，即全国现代商贸物流重要基地、产业转型升级试验区、新型城镇化与城乡统筹示范区、京津冀生态环境支撑区。京津冀三地产业分工定位需要满足世界级城市群的产业发展规律，逐步实现产业结构的高级化、核心职能的高端化以及经济职能的外向化。

（二）京津冀三地产业升级的分工定位

参考钱纳里的工业发展阶段理论，依据人均国内生产总值（GDP）、三次产业结构、人口城镇化率、劳动就业结构和消费性支出结构五大指标分析，京津冀三地处于不同的发展阶段。北京、天津和河北分别相当于后工业化发达经济阶段、工业化发达期、工业化中期，发展层次错位明显。京津冀产业定位实际情况依次是服务型区域、加工型区域、资源型区域。如图2－1所示，为进一步促进京津冀产业升级，北京将大力发展知识经济和服务经济，集中发展管理、研发和销售功能，腾退一般生产制造功能，加快构建“高精尖”经济结构；天津将聚焦生产研发和高端加工制造，以商贸物流业、战略性新兴产业、现代制造业为主导，大力推进服务型经济发展，并发展一定的总部经济；河北将加快“去资源化”进程，积极承接北京产业功能转移和科技成果转化，大力发展加工制造和服务经济，构建以现代制造业、战略性新兴产业、原材料工业、现代农业、旅游休闲业为主导的现代产业体系。

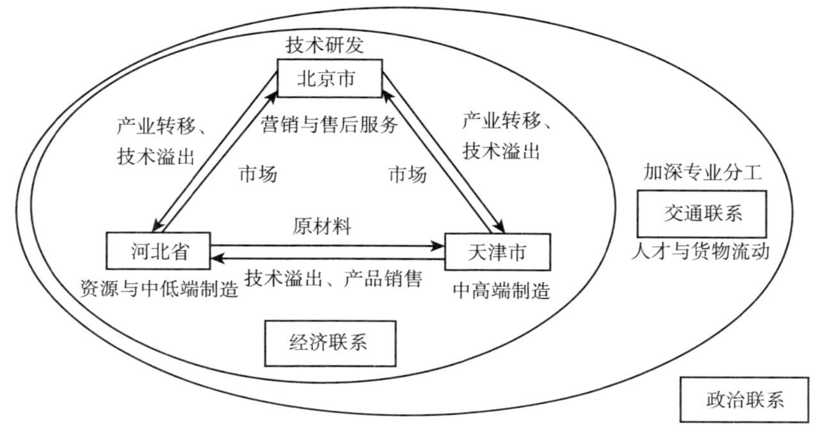

图 2-1　京津冀产业升级分工与合作示意

资料来源：笔者整理。

第二节　京津冀协同发展的产业升级重点

产业升级是实现京津冀协同发展的重要手段，从高消耗、高污染、低技术含量、低利润率到低消耗、低污染、高技术含量、高利润率转化的趋势是任何工业化强国的必由之路。研究如何实现京津冀的协同发展，必须从产业着手。通过研究产业如何进行升级，升级的重点在哪些方面等这些问题来提出实现京津冀协同发展的具体措施。

如前所述，近年来，京津冀区域产业分工体系逐步形成，且存在比较明显的产业发展梯度。北京成为京津冀科技创新的策源地，形成以创新驱动为典型特征、服务业为主导模式的现代产业体系；天津作为现代装备制造业的重要基地，已形成技术密集型产业集群；河北省凭借丰富的要素资源，以资源加工型和资本密集型产业集群为主。尽管京津冀区域产业协同发展取得了一定成效，但也存在诸多问题，如产业转移和对接难度仍然较大，产业转移升级中企业主体的积极性尚待进一步激活。在全球经济低迷的大环境之下，对标长三角经济区、粤港澳大湾区的主要经济数据（见表2－2），京津冀人均GDP差距很大，产业升级任重而道远。

表2－2　　2017年三大经济区域主要经济数据对比

经济区域	面积（万平方公里）	人口（万人）	GDP总量（万亿元）	人均GDP（万元）	城市数（个）	城镇化率（%）
京津冀	12.0	11000	8.3	7.55	13	64.9
长三角	21.2	15000	17.6	11.74	26	68.0
粤港澳	5.6	6954	10.8	15.53	11	85.2

资料来源：依据《中国统计年鉴2018》整理而得。

一、京津冀协同发展中产业转移和对接效率亟待提高

第一，由于缺乏相关的上下游产品配套能力，天津、河北的产业转移承接能力有待增强。

京津冀协同发展战略的基本出发点为疏解北京非首都功能。具体而言，对于高能耗、高水耗、高污染产业，要就地淘汰；对北京带来人口、环境资源双重压力的一般制造业（见表2－3），要搬迁转移；保留符合更高环境准入标准的产业。对于这些产业，天津市、河北省要接得住，发展好。相关的上下游产品配套能力迫切需要培育和提升。

表2－3　　北京高污染产业拟承接地点（截至2017年12月）

企业类别	环评等级	碳排放等级	承接地点
钢铁企业	－1.118	A+++	廊坊、张家口、石家庄
建材企业	－1.029	B++++	石家庄、保定、雄安
机械工程	－0.803	B+++	沧州、雄安、北京近郊
生物制药	－1.33	A+++++	天津滨海、北戴河、秦皇岛
微电子产业	－0.725	C+++	雄安、邯郸、衡水、承德
文创产业	－0.328	D+++++	天津新区、北京近郊、雄县
航天制造	－0.776	B+++	保定、廊坊、邢台、秦皇岛

注：环评等级由产业污染物数据和主观赋权得出（临界值为0，大于0为清洁产业，等于0为无污染产业，小于0为污染产业）；碳排放情况（由低到高分为A、B、C、D四个等级）。

资料来源：根据国际碳排放联合会结合中国实际情况得出。

第二，河北的营商环境亟待优化。

营商环境是指企业主体从事商业活动或者经营行为时所必备的各种条件以及所需要的各种要素环境之和，涉及影响商业主体行为的政治、经济以及文化等要素。它是政府、市场和社会三者共同为企业提供的一种特殊的公共产品。

表2-4显示北京市的营商环境排名第四，天津市、石家庄市的排名分别为第13、第16位，石家庄作为河北省的省会城市，相比于“长三角”与“珠三角”区域的中心城市在营商环境方面差距较大。营商环境是企业全生命周期中一切要素综合而成的动态体系，涵盖了影响企业活动的经济、政治、文化、社会乃至环境质量等各方面要素。营商环境的改善意味着完善支持企业发展环境，消除减税降费、市场准入等方面的各类隐性的体制机制障碍，为企业提供明晰的产权确定、较低的生产成本和交易成本。产业转移需要匹配的公共服务、基础设施平台支撑；需要先进的教育、医疗服务环境吸引和留住高端人才。良好的营商环境就像一个强大的磁场，可以吸引企业转入和优良项目落地，形成产业集聚。

表2-4　　2019年中国城市营商环境排行

排序	城市	总分	排序	城市	总分
1	广州	95.62	18	长沙	78.25
2	深圳	93.80	19	厦门	78.07
3	上海	93.31	20	大连	77.73
4	北京	93.07	21	沈阳	77.60
5	南京	91.14	22	哈尔滨	76.62
6	杭州	88.91	23	南昌	75.37
7	济南	85.04	24	南宁	74.04
8	宁波	84.17	25	长春	73.70
9	武汉	83.14	26	太原	73.18
10	成都	82.66	27	贵阳	73.04
11	郑州	82.49	28	昆明	70.74
12	重庆	80.98	29	乌鲁木齐	70.04
13	天津	80.87	30	兰州	69.07
14	合肥	80.43	31	银川	68.10
15	西安	79.64	32	西宁	66.08
16	石家庄	79.54	33	海口	64.71
17	福州	78.72	34	呼和浩特	63.28

资料来源：中国社科院、中国社科院科研局、中国社科院社会学研究所、社会科学文献出版社联合发布的《中国营商环境与民营企业家评价调查报告》（2020年）。

第三，产业转移过程中存在政府规划与企业的实际情况错位的现象。在产业转移过程中，政府往往是从空间合理布局的角度选择功能疏解的集中承载区域。但是，在实际产业转移的执行中，企业更看重迁入地能否形成有利于产业集聚的环境，是否在政策、成本、效益方面形成对企业的吸引力。

二、弥补京津冀产业差异分工的技术升级留白

产业疏解转移之后，下一步就是要京津冀产业协同深度提升，形成差异分工，通过京津冀产业技术协同升级构建区域合作的功能链条和产业链条。

北京市在产业疏解后，形成了一大批承载着北京产业提升功能的项目和产业园区，包括环球影城、运河商务区、新机场临空经济区、怀柔科学城等。这些项目和产业园区蓄势待发，将成为北京未来经济增长的发力点。

天津市的货币金融服务业、多式联运和运输代理业、水上运输业等行业集聚程度较高，服务业快速提升。以四大战略合作功能区之一的天津滨海新区为例，正在建设滨海—中关村科技园、中欧先进制造产业园、北方航空物流基地、南港石化产业基地和未来科技城“五大载体平台”。其中，滨海新区下属的天津港保税区尤为突出，截至 2019 年 10 月，承接北京非首都功能签约项目数超过 380 个，协议投资额累计超过 1200 亿元，搭建了天津航空物流区、中欧先进制造产业园、空港保险产业园、天津滨海新区临空产业区等一批优质载体平台。在航空、装备制造、汽车制造等多个行业都形成了京津冀地区相关产业的重要配套环节。

河北省近年来基于京津冀生态一体化的考虑，积极进行产业结构调整，高度重视绿色发展。一方面，以张家口作为冬奥会赛区之一为契机，带动了新能源产业、冰雪产业、生态旅游、大数据产业等绿色产业的发展。例如：2016 ~ 2019 年，河北省共压减退出炼钢产能 6811.4 万吨、炼铁产能 5952 万吨、煤炭产能 4807 万吨。另一方面，河北省的高技术制造业快速发展，第二产业结构得到优化。2018 年末，河北高技术制造业法人单位 0.7 万家，占京津冀区域高技术制造业法人单位总量的 52.7%。此外，2019 年，河北省高新技术产业增加值占规模以上工业增加值比重上升至 19.5%，服务业增加值占全省地区生产总值比重达到 51.3%，国家级高新技术企业总数已突破 7000 家。但是，值得注意的是，承载使命的河北省在京津冀协同发展中短板突出，特色产业不明显。以高技术制造业为例，如前所述，高技术制造业法人单位

0.7 万家，占京津冀区域高技术制造业法人单位总量的 52.7%，但是，高技术制造业产业增加值占规模以上工业增加值比重只有 19.5%，这两个差距悬殊的比例说明河北省缺乏真正意义上的经济发展上的优势。[①] 形成这种局面的深层次原因是河北省的技术创新存在严重滞后性，简单地依靠北京产业转移过程中技术扩散带来的外生动力支撑，新兴技术与京津两地脱节，内生动力不足。

京津冀产业差异分工已经初步形成，京津冀协同技术升级迫在眉睫。北京具有丰富的地方科研资源优势，可以侧重在产业链的研发环节发挥更多的作用，进行技术创新，再通过市场机制，在京津冀实现成果转化，激活河北省技术进步的内生动力。然后通过平台搭建，降低配套成本，提高区域劳动生产率，引导特色产业的发展。以北京科技创新为枢纽，通过产业链上下游模式将科技创新成果扩散至天津市和河北省的企业，带动天津市和河北省制造业的联动发展。河北省在承接来自北京市产业的同时需要注意不断地学习新的技术，既要培育和发展新兴产业，也要注重对传统产业（尤其是传统制造业）进行改造升级。

三、打造产业集群实现京津冀协同产业升级

产业集群在产业升级的过程中异军突起，成为连接不同行政区产业的通途。从京津冀整个区域角度布局产业集群，以产业集聚为突破口，落实产业升级，打破既有的行政藩篱，建立不同层级城市和地区主体功能的内在联系，发挥地区专业化分工比较优势，促进京津冀产业升级协同合作机制。

如前面所述，近年来，虽然京津冀不乏新设立的产业园区，产业聚集初具规模，但是这些园区仍然局限于各自的行政边界。北京市的环球影城、运河商务区、新机场临空经济区、怀柔科学城，具有生产性服务业主导优势；天津市的滨海—中关村科技园、中欧先进制造产业园、南港石化产业基地建设凸显制造业竞争优势；河北省巧借既有园区在钢铁、服装产业方面特色鲜明。产业园区是京津冀区域产业集群的载体，也是产业转移与产业集群有机结合的抓手。随着京津冀区域产业分工格局的清晰化，上下游产品配套能力增强，京津冀区域的产业经济结构体系应在市场竞争中发挥协同创新优势。

---

① 资料来源：河北省人民政府网。

第三章　京津冀产业升级的金融需求着力点

金融生态应积极服务于京津冀协同发展的国家战略，适应金融需求结构新变化，提供多层次、差异化的融资服务。为实现跨时空价值转换，满足多样化金融需求，京津冀金融生态协同创新十分必要。金融生态为实体经济中具有比较优势的产业提供配套金融服务的过程就是适应产业升级需要的优化过程。因而，金融生态优化的内在规律就是顺应产业升级的需求，将资源配置到某一特定发展阶段最具比较优势的产业活动中去。金融资源的配置是金融服务于社会经济的最主要的核心功能，是金融生态各要素之间能够相互连接的枢纽，其配置效率直接决定着金融自身的活力以及金融生态的平衡状况。

第一节　京津冀经济协同发展背景下产业升级的金融需求

产业升级过程中的金融需求主要与产业的特性及其要素密集度相关。从京津冀金融生态视角观察，传统产业中资本规模较大、盈利能力稳定的大型成熟企业具有更多的融资机会和融资平台选择，但是这些企业在技术创新过程中缺乏资金动力。中小企业处于融资劣势。因此，京津冀金融生态协同创新既要关注大企业的技术创新，又要重视中小企业的金融需求。通过主导产业的关联效应和扩散效应，打造产业集群，推动金融供给侧改革（见图3－1），实现产业升级。

一、高新技术产业相关企业（尤其是中小企业）的金融需求

高新技术产业的关键在于技术创新，追求更高的生产增长率和附加价值，

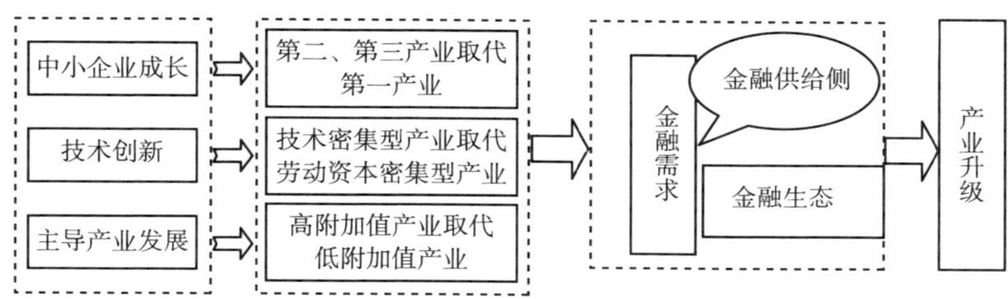

图3-1　产业升级的金融需求

具有典型的技术密集型特征。同时，高新技术产业的技术密集型特征决定了其发展离不开持续、大规模的研发经费的投入，因此，雄厚的长期资本积累是该产业健康发展的重要前提。然而，相较于传统产业，高新技术产业对土地、劳动力等生产要素的需求较少，却对知识技术和企业家才能等要素的需求相对较多。高新技术产业的这种特殊性，一方面为中小企业的发展提供了契机，另一方面也对金融生态提出了更高的要求。

第一，需要以知识产权等无形资产为质押的借贷平台。高新技术中小企业大多是重技术轻资产，其资产的专用性较强，很难流通变现，因而缺乏有效的抵押品。高科技中小企业拥有的最重要的无形资产是知识产权，由于其实施具有不确定性，变现存在特殊性，叠加知识产权相关法律的不完备性，其交易很不活跃，往往难以定价。目前国内开展知识产权质押贷款的银行大多处于尝试阶段，并且屈指可数。

第二，需要创新的价值评估和定价模式。高科技中小企业分属于不同的行业领域，有着千差万别的发展模式，在金融市场融资过程中信息不对称风险显著。传统的定价模式及价值评估造成高科技中小企业难以逾越信贷市场、债券市场的融资门槛，陷入融资难、融资贵的困境。

二、企业技术创新需要持续的外源性融资支持

技术创新是产业升级的关键因素。技术创新离不开长期、大量研发经费的投入，单纯依靠企业内源融资往往难以为继，需要大规模的外源融资介入。但是，技术创新过程中存在的技术研发风险、市场开发风险和企业家风险，与银行（间接融资）在确定性条件下信息处理的规模效应和风险管理的内在化特征不匹配。

相比之下，直接融资市场具有发达的二级市场、有效的多元审查和“风

险共担，收益共享”的风险分散机制。直接融资市场可以吸引更多具有高风险偏好的投资者投资技术创新项目，享受到技术创新的高收益；利用二级市场的流动性功能将众多投资者的短期资金转化为对技术创新项目的长期投资，满足长期大额的资金需求。

三、主导产业发展的金融需求

以制造业为例，产业结构升级表现为由低附加值产业向高附加值产业发展，而成为优势产业、主导产业。主导产业更易于受到政策保护，具有良好的发展前景，边际生产率处于上升阶段。这类产业既能积累丰厚的资本，又能够对上下游其他产业产生强大的诱导、带动效应，为其他产业产品的发展提供市场需求。主导产业以技术创新为依托，处于成长期且具有良好的发展前景，能够通过连锁反应和扩散效应带动京津冀经济的全面发展和产业升级。市场主导型的融资结构、竞争性的银行业结构和复合型的资本市场结构更有利于推动主导产业的发展。

四、京津冀产业升级的绿色金融供需缺口大

根据京津冀“十三五”规划，期间京、津、冀三地水污染防治投资额估计分别需要 200 亿元、100 亿元、200 亿元；京、津、冀三地治理大气污染预估投资额分别为 600 亿元、400 亿元和 1100 亿元；京、津、冀三地土壤污染防治估算需求分别为 100 亿元、80 亿元、150 亿元；京、津、冀三地生态保护投资额预估分别为 800 亿元、400 亿元、600 亿元。全面实现绿色发展目标，京津冀三地绿色金融需求总量至少为 8 万亿元。目前的情况是，三地绿色金融需求满足率均低于 50%，天津满足率仅为 1.9%，绿色金融的供需缺口大，京津冀三地绿色金融供给远远不足（刘宏海，2017）。

京津冀协同发展在逐步推进，但由于北京市处于后工业化时期，天津是工业化后期，河北省仍处于工业化中期，使得京津冀在经济方面存在极化效应，很多优秀人才、技术资源流向北京、天津，高新技术产业大多集聚在北京，这同时也导致了许多高耗能、排污严重的企业向河北转移，河北技术落后型企业较多，河北省是典型的工业并且是传统重工业大省，必须重视的是河北省产业发展与生态环境保护日益尖锐的矛盾。

以河北雄安新区为例。在雄安新区大多是劳动密集型企业，高污染且效能低下，冬天雾霾现象严重，空气质量差，企业需要进行产业转型和产业升级，摆脱之前长期的高污染、高耗能、高排放的经济发展模式，走上可持续的绿色低碳发展之路。在这一绿色转型和绿色发展过程中，必然会产生大量的绿色投融资需求。

根据《河北雄安新区规划纲要》，建立雄安新区的目的是建设一个绿色智慧城市，为居住者提供更好的环境，坚持绿色低碳循环发展。这表明绿色金融发展已成为必然趋势。根据现有数据显示，企业所融资金中有 49.17%用于绿色金融产业升级，不仅需要资金支持，还需要相关政策的支持和新型金融工具的开发和引进。

五、改善投资环境，增强河北省对于京津地区转移产业的承接能力

产业转移是“京津冀协同发展”战略的重要组成部分，包括产业转出和产业承接。产业承接能力是指一定时期内，本地依靠自身优势吸引转移产业入驻，既能稳固接纳又能使之得以存续，进而与本地产业体系融合并带动本地产业发展，最终促进产业结构优化升级的能力。承接地的经济规模、对外开放程度、劳动力资源水平以及基础设施状况都会影响当地产业承接能力。河北省对于京津地区转移产业的承接能力是三地产业结构调整以及产业升级的关键。河北省各城市之间承接转移产业的能力存在较大差距，城市间产业定位模糊，整体承接水平亟待提升。而河北省着力改善投资环境增强产业的承接能力，需要京津冀金融生态协同创新。一方面，河北省要进一步提高对外开放程度，合理利用外资，加强技术创新，在价值分工过程中，向高附加值环节迈进；另一方面，提高企业技术改造投资能力，加快技术、产品、业态等创新，积极培育发展新产业。

第二节　不同发展阶段企业的金融需求

产业升级是经济增长进入一个新阶段的必然要求，是对生产要素进行最优配置的过程。金融是现代经济发展的核心，金融发展对产业升级、优化产生不可估量的影响，比如金融工具的创新、金融机构适应经济发展的多样化、

结构化金融、资产证券化、互联网金融等。企业的金融需求是指为了筹集资本金或保证自身经营发展而对金融资金（金融工具）和金融服务的一种需求。京津冀协同发展战略已经在如火如荼地进行，为了加快进程，处于产业链中的微观企业有着怎样的金融需求值得重点关注。

一、不同发展阶段的企业特点

（一）初创期企业应对风险的能力较弱

初创期是企业刚刚成立的时期，各方面都处在筹备阶段。企业在人员招募、产品投入、市场开发等方面需要投入大量的资金，尤其是科技型企业，在产品设计研发方面需要投入大量的人力物力，需要承担研发风险，各项管理制度尚未规范，信息披露制度非常不健全，管理者经验比较薄弱。初创期企业的规模普遍较小，应对风险能力较弱，缺乏管理运作方面的知识和能力。

（二）成长期企业资金需求量大

成长期是企业最为关键的一个成长阶段。这时候公司体系已经初步建立，具有一定的财务信息和信用记录，但信息质量不高。企业需要快速抢占市场，提高竞争能力，打开知名度，生产出满足消费者偏好的产品，因此需要研发有前景的项目并投入市场中去，所需要的创新活动较多，资金需求量大。由于市场上缺乏有关该技术项目的供求信息、市场认可度、产品投入市场后消费者反应不确定等情况，市场风险增大；同时企业为了快速生产产品还需购买大量先进设备、材料，引进技术人才和管理人才，并在战略上须加大研发和技术改进。尽管在成长期的企业已经快速运转并且取得一定的盈利，但还是不能满足后续的研发项目所需的资金，现金流量的波动性和不确定较大。

（三）成熟期企业现金流较为充裕

与成长期相比，成熟期企业的资金需求量已经有所下降。随着企业经营规模扩大，企业的主营业务已经在市场中稳定下来，产品在市场中占有一定的份额且具有一定的知名度，企业盈利水平增加缓慢，不会有很大突破，内源资本大大增加。消费者对产品有一定的认可度，财务风险、经营风险相对下降，这个阶段企业已经进入正轨，现金流量比较稳定，管理制度、信息披露制度比较完善，资金的周转率和利用率比成长期都有了较大的提高，与商业银行形成紧密合作的关系，企业价值不断增加。但是一般企业都会产生危机感，在原有基础上进行查漏补缺，在人才留用制度、组织管理结构、技术创新、市场营销等方面会做出实质性的改善。因此，企业需要适度投资，资金需求量大。当企业实现了二次投资后，企业的生产效率会进一步提高，销售业绩也会提高，资金流入量更大，形成较大的资金储备。与成长期相比，尽管成熟期存在二次投资，但总体来讲，资金投入量较小，同时产品销售处于稳定状态，企业会产生较大的现金流，企业资本实力进一步增强，故此阶段资金需求量比成长期有所下降。

（四）衰退期企业财务风险增大

根据企业生命周期理论，当企业经历成熟期后，会逐步迈入衰退期。此时，企业的市场竞争能力和科技创新能力逐渐下降，不能适应整个行业大环境、经济形势、社会需求的变化。市场上会出现大量新产品和替代品，原行业的市场需求开始逐渐减少，原有产品被淘汰，企业在市场中的份额会逐渐减少，呈现利润水平负增长的趋势，这些特征会使企业的市场风险增大，信用等级也随之下降，财务风险增大，偿债能力下降。这一时期，企业会减小生产规模，精简管理机构，资金需求量大幅度减少。而且很容易出现产品质量问题，会导致人才外流，员工积极性不高，企业管理与决策效率降低，资金很有可能会衰竭，企业面临破产的风险，所以中小企业在这一阶段应该把重心转移到产业升级，寻找新的投资方向。

二、不同阶段企业的金融需求存在差异

（一）初创期企业需要政策扶植或风险投资基金的介入

在企业的初创阶段，由于在市场需求方面有很大的不确定性，产品设计、研发和营销策划有很大的风险，企业失败的概率较高，这时企业投入的资金大多源于创业者的个人积累或者亲朋好友的贷款，渠道比较单一。但是，在企业初创期各方面都要投入资金的情况下，创业者自身的有限投入很难满足企业快速发展的需求，因此，企业还需要其他外部资金的投入。

在这一阶段，权益投资在企业外源性融资的比重较大。银行在处理贷款要求时，考虑的是企业贷款风险，企业有没有能力偿还，追求的是保本付息。

而风险投资者更注重高回报率，企业在初创期各方面都不健全，风险较大，获得金融机构的贷款较少，所以风险投资成了企业在初创期最主要的资金来源。风险投资通常要求年回报率在 30% 以上，而且它们为了降低投资风险，还会向中小科技企业的创业者提出一些非常苛刻的要求，例如：要求企业连续多年的成长速度不得低于 50%，要求创业者让渡较大份额的股权等。很多企业尽管在初创后期能够获得盈利，但很大部分收益都进入投资者的口袋，融资成本较高。近年来天使投资发展较快，它是风险投资中的一个子系统，是由个人直接向企业进行投资获取利润的一种投资方式。天使投资者不仅向企业提供资金，往往还利用其专业背景和自身资源帮助创业企业获得成功，在初创期企业各方面都缺乏经验的情况下，对企业资金运营、管理决策、人员任用等方面给予帮助，能使企业的经营管理更加规范化，实现资源最有效的配置。这样一方面既能保护个人与企业的双方利益，提高投资成功率，另一方面也有利于企业提高资本周转率和利用率，实现最大价值。

银行贷款是初创期企业外源性贷款的第二大来源，但是企业规模小，经营风险、财务风险都比较大，信用制度披露不健全，而且很多创新性活动的无形资产难以估量，用于抵押的固定资产较少，难以达到商业银行严格的信用评级要求，所以像商业银行这样的正规金融机构，并不愿意向中小企业提供资金支持，即使愿意提供，也会提高贷款利率，增加了企业的融资成本。

对于一些科技型小微企业，在起步生产阶段，需要中长期贷款稳定、持续支持他们的研发活动，自主创新成果转化需要一定的周期，短期内看不到成效，又存在市场预期的不确定性，因此技术风险、投资风险大，这使得企业很难从其他渠道筹集到资金，很需要国家政策以及创业投资基金的扶持。我国 2005 年颁布《科技型中小企业技术创新基金项目管理暂行办法》，2011 年设立国家科技成果转化引导基金，旨在为科技型中小企业技术创新活动中新技术、新产品研究开发及中试放大等方面提供无偿资助，政策性基金支持应对风险能力强，对企业信息披露要求不高，对于初创期的小微企业来说政策性基金无疑是个首要选择。

（二）成长期企业期望获得规模化的银行贷款

在成长期，中小企业已经开始盈利，但为了保持快速成长，在市场中占据一定的份额，其在研发、固定资产投资以及产品的生产、推广和销售等市场费用方面仍然需要巨大投入，初期的盈利水平远远不能满足后续的资金需求。同时，随着企业规模的扩大，各项管理制度的完善，固定资产和无形资产逐渐增加，在银行存在信用记录和财务信息，经营风险、市场风险较前一阶段已经有所下降。因此，企业不再青睐风险投资等成本相对较高的权益资本，而是更愿意寻求银行贷款等成本更低的融资支持。

根据《中国私营经济年鉴》提供的数据，我国的中小企业向国有商业银行借款时，感到困难和很困难的占 63.3%，感到容易的仅有 14.6%，只有 42.8%的中小企业可以按国家规定的利率从银行获得贷款，这表明很大一部分企业还是无法从银行获得充足的贷款。一方面，主要是由于成长期企业财务报表所披露信息的实用性和信息质量都有待提高与逆向选择问题，使中小企业面临信贷配给问题，只能有一小部分企业能够满足贷款需求；另一方面，由于小微企业风险补偿机制的激励作用有限，无法满足承办机构的考核指标，更难以调动金融机构为小微企业服务的积极性，金融机构将重心放在能带来稳定利润且信用风险较低的企业，忽略了与小微企业的相关贷款政策的宣传。因此成长期企业的需求是能够获得规模化的银行贷款。

（三）成熟期企业需要较为完善的资本市场助航

在成熟期，随着中小企业资产规模的不断扩大，财务制度不断完善，信用程度有了很大的提升，经济实力增强，市场价值不断提升，其融资能力较初创期和成长期有了较大的提高，已经能够通过较低的成本进行外部融资，主要需求有以下两方面。

（1）向银行申请贷款。进入成熟期后，由于市场上激烈的竞争，企业要想保持现有的市场份额，就需要继续更新、改进产品，资金需求量较前一阶段有所减少。随着企业经营规模的扩大，凭借良好的信用记录，实力雄厚、充足的抵押资产，企业很容易能够获得向银行申请贷款的资格，在这一时期，企业投资风险、经营风险减少，盈利水平稳定，银行愿意与企业建立长期良好的合作关系。

（2）股权上市融资和债券融资。在这一时期，中小企业为了更好地改善自己的融资结构，更愿意采取一些比银行贷款成本更低的融资渠道，例如去资本市场进行上市融资，发行中短期企业债券等。上市融资是企业发展进入正轨后主要的融资路径，包括直接上市融资和间接上市融资。与私募资金和风险投资相比，它可以筹集到更多资金，且股权稀释少，融资效率高，有利于优化资本结构。处于成熟期的企业可以通过主板市场和中小企业板市场发行股票，上市融资后，企业的资信水平会相应提高，对企业的后续融资也有好处。发行债券不仅成本比较低，而且具有不会被分散控制权，能够有效解决信息不对称问题，财务杠杆效应等特点，在发达国家被广泛使用。然而，由于中国的资本市场发展时间较晚，不如美国等发达国家那么成熟，制度建设还不完善，尤其是在上市门槛、融资额度、信息披露等方面有着严格的条件限制，使得中小企业达到这些上市条件较为困难。只有极少数的企业能够满足上市条件，获得融资，绝大多数的企业被挡在了资本市场之外。资本市场融资和债券发行成为企业成熟期最合适的融资渠道。

（四）衰退期企业需要重组与并购

衰退期企业的发展趋势大致有两个方向：一是部分企业实现成功转型，通过兼并收购、转变经营方向二次创新等方式蜕变成大企业或者进入一个新的企业生命周期；二是部分企业因为市场上大量新产品和竞争品层出不穷，现有行业的市场需求开始逐渐减少，产品销售量也开始下降，则未实现成功转型而进入真正衰退，出现业务萎缩、经营困难甚至亏损与破产，最终被市场淘汰。在这一阶段，中小企业的融资需求主要是满足新的研发要求和转型需求，融资难度较成熟期有所上升。

这一时期，为了摆脱衰退，实现早日成功转型，很多中小企业需要加大投入进行自主创新，技术升级，需要从商业银行等金融机构获得融资，但由于衰退期企业拥有长时间积累的管理理念、优秀人才、知识技能和创业经验，处理危机能力增强，自我积累丰厚，资本结构合理，在金融机构信用记录较好，品牌价值比较高，能够提供抵押的无形资产、固定资产较多，因此能比较轻松地从银行获得融资，为转型储备资金，开拓新的市场；还有一种是企业当下没有好的投资项目或者他们认为生产研发一个新产品的成本要远远高于购买其他企业的技术，他们会寻找好的并购目标对象，运用现有的现金流或者以其他方式融资渠道进行转型和扩张。

但是，由于我国资本市场起步较晚，缺乏良好的外部环境和市场条件，与发达国家相比，并购市场并不发达。在相关政策方面，虽然中国已经相继发布《非上市公众公司收购管理办法》《非上市公众公司重大资产重组管理办法》《并购重组私募债券试点办法》等一系列政策，但是从实际情况来看，这些政策目前还没有真正落地，京津冀中小科技企业在并购融资方面可选的渠道仍然受到很多限制，实际获得的资助仍然不足。

第三节　房地产价格变动对京津冀产业升级的融资扰动

房地产行业产业链条长，包括房地产开发、房地产生产、房地产消费三大层次。房地产行业对相关产业的发展具有广泛的覆盖性。其上游关联产业主要有金融业、建筑业、钢铁、水泥、玻璃、陶瓷、化工等行业，其下游关联产业主要有商业服务、批发零售、家具、家纺、家电等行业。房地产需求能力的增加，导致房价上涨，不仅使房地产行业自身得到快速发展，而且通过关联带动效应，促进产业结构的快速调整，推动经济增长。但是，房价的持续上涨可能导致其相关产业的过度发展，造成产能过剩。在房价持续上涨时，其产能过剩的现象被掩盖；一旦房地产需求能力下降，房价下跌，钢铁、水泥等产业的产能过剩现象就会显现。房价高速增长会导致企业土地租金和居民个人住房成本增加，迫使企业和劳动力由高房价城市向低房价城市转移，影响转出和转入城市的产业结构形成。对企业而言，高房价孕育了高租金和高人力成本，增加了企业的运营成本，挤压了企业的创新投入，不利于企业的产业创新。对区域而言，房地产价格过度上涨，一方面，会拉升居民的生活成本，削弱人才的聚集力；另一方面，房地产对银行信贷需求的增加，将会对银行资金支持技术创新、产业升级产生“挤出”效应，不利于激发城市的创新能力，最终会对产业升级带来负面影响。

一、京津冀房地产价格变动情况

京津冀地区，是由北京、天津以及河北省保定、唐山、廊坊、石家庄、秦皇岛、张家口、承德、沧州、邯郸、邢台、衡水11个地级市所组成的超级城市群。2015～2017年，北京、天津、河北省房地产整体均价呈上涨态势。2018年、2019年各地涨跌各异（见表3－1），涨、跌幅度呈收缩态势。

表3－1　　2015～2019年京津冀房地产价格　　单位：元/平方米

地区	2015年	2016年	2017年	2018年	2019年
北京	39437	57597	57768	59868	59968
天津	15553	23220	22053	21883	23503

续表

地区		2015 年	2016 年	2017 年	2018 年	2019 年
河北省	石家庄	8986	14878	16979	15596	15203
	保定	7117	10151	12983	11365	10756
	廊坊	7043	16175	15564	13981	13863
	张家口	6372	8843	10456	9882	9222
	邯郸	6256	6521	8403	9734	10000
	唐山	6120	6245	7343	8229	9572
	承德	6061	6695	9258	9308	10565
	秦皇岛	5814	6497	8006	9258	11475
	沧州	5766	6834	10144	8916	10518
	邢台	5600	5476	7706	8165	8333
	衡水	4873	5045	7969	7812	7863

资料来源：根据京、津、冀统计局官网的数据整理而得。

二、京津冀房地产价格波动对产业结构升级的影响机制

如表 3 - 1 所示，2015 ~ 2019 年京津冀房地产价格总体呈上升趋势。所以，我们在本章先分析房地产价格持续上涨对产业升级的影响。

（一）对金融机构的（资金）资源配置扰动机制

根据利润驱动假说，当某一行业存在超额利润时，大量资金就会涌入该行业。房地产同时具有商品属性和投资品属性，投资房地产除能够获得本行业的高额利润外，还可以分享由于房价上涨带来的房地产升值的资本利得，因而大量资金被吸引到房地产行业。

银行的新增贷款会大量流向房地产行业。这些资金有的通过向居民发放住房抵押贷款的方式，增加房地产的真实需求；有的通过向房地产企业发放贷款的方式，推高了房地产企业的成本（利息成本），从而进一步推高房价，形成高房价→信贷流入→推高房价→新的信贷或其他资金流入的封闭式循环。房地产价格的持续增长带来房地产行业高利润率，不仅会吸引大量资金进入房地产市场进而挤出实体投资，还通过扩大有地企业和无地企业之间的融资约束差距造成资源错配、投资效率弱化的后果，其他产业的发展可能会因为

资金匮乏、租金成本增加，而失去发展、创新、升级的动力。

（二）消费需求扰动机制

居民可支配收入中的大部分资金（无论是“刚需”还是投资）也会流入房地产，削弱了对其他商品的购买能力。

房地产具有商品、财产、投资等一系列属性，是一个集多种功能于一身的“综合体”。既然具有投资属性，那么资产价格的上涨势必会增加房产所有者的名义或实际财富，这便是房价上涨的“财富效应”。自1998年楼市政策松动以来，随着住房制度改革的日益深入与城镇化的持续推进，我国商品房时代正式开启，房地产的“黄金十年”降临；而2008年国际金融危机后，接二连三的政策利好再度将房地产带入“白银十年”。在此期间，无数人因房价的疯涨而改变了财富地位。如表3－1所示，2015年在京津冀，尤其是北京购买房产（无论是“刚需”还是投资），都获得了名义或实际的“财富效应”。房产作为家庭资产最为重要的组成部分，一方面，对于拥有多套房产的“投资者”，其消费得到了一个颇为明显的正向刺激。比如说，房产所有者可以通过出租或售卖房屋，抑或是将升值的住房抵押给机构来换取更多的流动性资金，甚至会产生“财富幻觉”，从而增加自身的消费能力。另一方面，对于大多数按揭购房的“刚需”，房价的上涨会对当前消费产生抑制作用。这种因房价上涨而引发的“挤出效应”对于居民消费的影响机制可以总结为以下三个方面：（1）增加预防性储蓄。对于那些还没有房产的人来说，持续上涨的房价势必会加剧他们对未来预期的不确定性，为了尽早摆脱房价进一步上涨引发的各方面巨大支出，他们不得不把购房计划提前，为此也会尽可能减少当期消费，而更多地将钱存起来——不过这并不是自发地将闲钱储蓄起来，而是一种“预防性储蓄”。（2）推迟消费替代当前消费。通常情况下，房价的上涨也会带动房租的上涨，这就加重了租房者的压力，对日常消费也是一种抑制。此外，对于另一些已经拥有自住房却热衷于房产投资的人来说，不断上涨的房价会让他们认为投资于房产能够获得的收益更大，见效也更快，因而他们会将更多的流动性资金投入住房之中，这同样相当于替代了当期的消费。（3）改变了财富分配格局。持续上涨的房价会导致财富迅速向高收入人群聚集，而普通“无产者”的财富会相应减少，这种财富重新分配的效应不仅会让很多人成为“房奴”，还会拉大居民收入差距。按照经济学原理，高收入人群的日常消费水平已经基本得到满足，边际消费倾向会趋于减少，此时他们的财富虽然有大幅度增值，但体现在消费上的可能并不明显。另外，为了尽快买房，那些中低收入人群除了会进一步减少当期消费，甚至要依靠“六个钱包”的支持才能负担得起。这时，不仅购房者自己的消费会被抑制，参与出资的老人们也将被迫减少日常开支。因此，房价上涨带来的原有分配格局重构是不利于扩大消费的。

总之，房地产价格的持续上涨，抑制了“当前消费”，在其他实体经济所生产的产品供给一定的情况下，因需求减少，产生过剩，不利于其他产业的发展与升级。

（三）对企业创新形成干扰

房地产部门属于传统产业，持续上涨的房价导致房地产行业即使不进行创新也能实现超额利润，从而不愿意将大量的资金投入进行创新。房地产行业缺乏技术外溢性，会导致关联产业升级受阻。其他产业因缺少资金投入而无力改造升级，同时降低了对高端生产性服务业的需求，进而阻碍产业升级的进程。

此外，房价持续上升，导致许多其他行业的企业也纷纷加入房地产领域，追求较高的利润回报。例如，中国的头部家电企业海尔、格力、美的、海信，中国知名服装企业雅戈尔，电器零售企业苏宁都积极进军房地产领域。对企业在本领域的创新与升级形成干扰。

（四）地方政府的土地融资效应

分税制后地方财力相对不足，使地方政府急需从自有资源中寻找除公共预算收入以外的财政资金来源。地方政府垄断土地一级市场，国有土地使用权的有偿出让自然成了地方政府的重要财力来源，2017 年全国国有土地出让收入占政府性基金收入的比例达九成以上，京津冀地区也不例外。再加上土地融资贷款、土地储备债券等融资形式，土地财政不可避免地成了补充地方财力的重要砝码。在当前的土地财政体系下，京津冀三地不仅依靠土地出让金收入来推动城市基础设施建设，还通过城投公司抵押土地来获得银行贷款或者债券发行的机会，满足短期的资金需求。在过去的几年里，京津冀很多城市进行了一些投资大、回报期长的基础设施项目。土地融资的期限一般在 1～3 年，资金流向却是回收期长达数十年的基础设施建设。在相当长的一段时期内，地方政府无法获得稳定的现金流以支付融资利息或者偿还本金，一般只得用政府的财政收入来偿还。过度的土地融资占用了大量的信贷资金，在一定程度上导致了中小企业融资难的问题。地方政府的土地融资占用了大量资金，银行和各种非银行金融机构也偏好有政府信用担保的各种土地融资。因此，信贷资金过度向地方政府集中会直接挤占企业贷款的资金。地方政府利用土地财政加杠杆积聚了金融风险，一定程度上城市产业的多样化发展，制约了产业升级。

此外，房价持续上涨过程中，“泡沫”逐渐放大，一般而言，无论是商品还是投资品，没有只涨不跌的市场，燕郊房地产价格的下跌，正是一种现实的提醒：警惕房地产价格波动对金融机构、地方政府以及通过加杠杆方式购买房地产的企业以及居民个人的风险冲击。

三、将“房价调控＋产业升级”纳入京津冀金融生态协同创新视角

房地产增长对实体经济有一定的促进作用，但房价的过度上涨会对实体经济投资产生挤出效应。有效地引导经济“脱虚向实”，避免经济过度依赖房地产，京津冀各地政府应从当地的实际情况出发审慎地制定房地产相关政策，以达到稳地价、稳房价、稳预期的调控目标，实现京津冀区域产业升级。

京津冀可以借鉴国外引导金融服务实体经济的经验，通过金融生态协同创新，调控房地产价格波动，引导资金“脱虚向实”。

（一）“房价调控＋产业升级”与京津冀金融生态协同创新的关系

如前所述，房地产价格波动对产业结构升级存在多方面的影响。在此基础上，有几个问题值得思索：

为什么房地产的投资属性被高度激活？

为什么地方政府会持续依赖土地财政？

为什么银行近年来倾向于发放房地产抵押贷款？

这些问题，是否与金融市场的发达程度、投融资环境的完善程度、企业主体健全程度关系密切？是否需要京津冀金融生态协同创新？

当前，京津冀经济正处在由高速增长阶段转向高质量发展阶段的关键时期，产业升级是转变经济发展方式的核心，同时也是提升经济发展质量与效益的关键。在影响京津冀产业升级的诸多因素中，房价这个重要因素对产业

升级的扰动不容忽视。

一方面，高房价不仅加剧了城市就业难题，而且加重了京津冀经济结构失衡；另一方面，大量社会资金聚集在房地产行业，不仅催生了房价泡沫的持续膨胀，更加大了金融体系的系统性风险。

房价的过快上涨，不仅会抑制传统制造业的发展，也会对高新企业的扩张产生挤压效应，造成京津冀地区的企业成本费用快速上升，迫使企业外迁，导致“产业空心化”现象，不利于产业升级。如果失去产业升级的最佳窗口期，陷入财政依赖“土地财政的”怪圈，大量社会资金聚集在房地产行业，金融生态中地方债、金融机构、房地产抵押贷款难以避免地被高房价“绑架”。

（二）激活产业升级与金融生态协同优化的相互依存性

“土地财政”本质上是地方政府控制土地要素驱动经济增长，获取最大化财政收益。往往在市场中表现为房地产价格的上行与波动。房地产价格上涨，对于那些拥有房地产的企业来说，企业的资产净值增加，增长了投资意愿；对于银行来说，企业资产净值的增加，减少了信贷风险，增强了银行放贷的意愿；因此，房价上涨，对于拥有房地产的企业来说，可以从银行获得更多的信贷资金用于发展，因而产生了信用缓解效应。房价下降的效果与房价上涨相反，但是存在非对称性。房价下降，银行会更加惜贷，以规避风险，企业可获得的贷款数量大幅下降。对于房地产企业和拥有较多房地产的酒店、宾馆等企业来说，房地产价格的持续上涨，企业的市场价值远远大于其重置成本，因此引致企业可以获得更多的资金用于扩大生产经营。房价上涨导致了房地产投资的增加，对其他产业投资存在挤入、挤出效应，因此必然引起产业结构产生相应变动。随着房价的持续上涨，房地产投资品属性凸显，累积房地产泡沫，因投机而导致的房地产市场泡沫化带来了该行业虚高的利润率，使资源错配效应开始占主导地位，其他产业因缺少资金投入而无力改造升级，同时降低了对高端生产性服务业的需求，进而阻碍产业升级的进程。随着京津冀经济的快速发展，劳动力成本和原材料及其他生产要素成本的低价格比较优势逐渐减少，实体经济的投资回报率远低于房地产的高投资回报率，吸引大量金融资源流向房地产领域。由于房地产投资对其他产业投资的挤出，导致其他产业难以扩大生产规模，提高发展速度，而且由于缺乏资金，导致其他产业的研发投入降低，将抑制企业的创新能力，阻碍京津冀产业升级。

房地产具有投资和居住的双重属性。从满足居住功能来看，更接近实体经济；但从购买动机来看，如果购房动机主要是基于投机获利，那么房地产价格将远远脱离其生产成本加正常利润水平，此时则更接近于虚拟经济范畴。显然，房地产泡沫化程度越高，则虚拟化程度越高。考虑到房地产作为社会最主要的财富形式，也是银行贷款最重要的抵押资产，而且房地产业与金融业的关系紧密，历次金融危机大多数均与房地产泡沫有关，以美联储为代表的观点普遍认为应该将房地产业与金融业纳入虚拟经济范畴。虚拟经济和实体经济的运行机制存在显著差异。实体经济主要受制于技术创新和生产效率，具有价格相对稳定和周期较长的特征，其货币需求弹性较小；而虚拟经济则很容易受到资金驱动，其价格波动较大，且上涨和下跌的周期相对较短，很容易形成相对独立的内部循环。所以，随着虚拟经济繁荣和虚拟经济的独立性越来越强，其对金融生态的影响将越来越大。一方面，以价格不断攀升的虚拟资产做抵押，并通过货币乘数效应不断派生出货币供给，使得货币“脱实向虚”加剧；另一方面，由于资本的逐利性，虚拟经济繁荣带来的高收益率很容易导致货币资金从实体经济流向虚拟经济，引发货币“脱实向虚”，从而影响货币供给的分配结构。当虚拟资产泡沫破灭，则会引发市场流动性风险，很容易引发债务危机和金融危机，导致货币供给总量急剧下降，并波及实体经济，导致实体经济货币供给不足，金融生态环境恶化。

由于虚拟经济具有自身运行的独立性和虚拟资产定价机制的不同，当过多的货币资金不断从实体经济流入虚拟经济的自循环系统，虚拟经济系统内过多的货币供给将使得对虚拟资产的需求不断增加，从而导致虚拟经济的非理性繁荣。在资金推动下，虚拟经济繁荣的主要表现是房地产价格和股票价格不断上涨，而银行业则以价格不断上涨的资产为抵押，为虚拟经济各部门提供资金支持。虚拟经济繁荣会加剧货币“脱实向虚”，货币“脱实向虚”又反过来强化虚拟经济繁荣。尤其在 2020 年，受疫情影响经济下行的背景下，宽松的货币政策并不一定能够有效刺激实体经济复苏，反而有可能加剧经济虚实背离。因此，京津冀区域“因城施策”，对房地产业进行协同调控，实施有差别的政策手段，强化调控力度，提高房地产过度炒作的资金使用成本，打破虚拟经济繁荣与货币“脱实向虚”的传导机制，抑制货币资金过多地流向房地产业，对推动产业升级，改善京津冀金融生态，促进经济良性发展十分必要。

（三）控制地方政府债务融资规模

在过去的几年中，京津冀很多城市进行了大规模的举债建设。一方面，这些项目提高了三四线城市的公共服务水平，优化了投资环境，对当地的发展具有积极意义；另一方面，过快过大的投资加重了地方政府的财务负担，有些项目过于超前，还造成了资源浪费。大规模的基础设施建设所需的资金显然是大多数地方政府负担不了的，因此，很多地方政府既通过大量卖地来获得资金，又通过手中的土地进行债务融资以弥补自有资金的不足。不断增加的债务规模已经超出了地方政府的偿还能力，过高的杠杆积累了大量的金融风险。并且，政府部门占据大量的资金又挤占了企业的融资渠道，抬高了企业的融资成本。这些都为地区经济的长远发展埋下了隐患，不利于城市产业结构的优化升级。京津冀金融生态协同创新，控制地方政府的债务融资规模，规范投资行为，为企业的发展创造一个低成本环境，以推动区域产业升级十分必要。

第四章　京津冀区域金融生态系统驱动产业升级的薄弱环节

在京津冀经济协同发展的战略大背景下，科学技术是第一生产力，它不仅是京津冀经济持续健康发展的重要支撑力量，而且对传统行业转型升级具有积极的促进作用。资金是决定科技发展与运行的基础。资金的融入方式与配置效率关系到企业是否能健康持续发展，进而关系到是否能破解产业升级融资的薄弱环节。本章我们将从京津冀金融生态资本形成机制、资金导向机制、协同发展程度三个维度进行分析。

第一节　资本形成机制环节测试

2019 年 5 月 11 日，中国证监会主席易会满在中国上市公司协会的讲话中提出“大力发展直接融资特别是股权融资，进一步提高资本形成效率”。释放出在金融供给侧结构性改革的大趋势中，资本市场发展模式从粗放扩容转型为提升质量、优化结构的强烈信号。

资本形成实质是将储蓄转化为投资、投资作用于生产的过程。主要涉及三个要素：一是充足可用的储蓄资源；二是有足够的投资需求；三是储蓄向投资转化的多元化渠道。这三者相互作用，影响资本形成效率。有效资本形成是资源配置向生产可能性边界不断逼近的过程，将有限的金融资源配置给好的企业、行业，创造最大产出。

企业发展和价值提升有两条路径：一是增加资金投入规模；二是提高资本形成效率。京津冀金融生态协同创新调动资本市场的融资、产权流动、风险定价、价值发现等诸多功能，对促进资本形成，驱动区域产业升级大有益处。

一、京津冀金融发展现状

近年来，随着京津冀区域经济的快速发展，金融规模也不断扩大。反过来，金融的发展也对区域经济起了巨大的推动促进作用。北京市作为我国首都，是北方政治经济发展中心，金融服务体系已经比较成熟，金融服务水平也居于领先地位。天津市是北方的经济中心之一，近些年天津借助滨海新区等大力推进金融改革的创新，在债券、外汇等金融领域有重大突破和进展。河北省资源丰富、工业基础较好、市场容量广、对金融资源需求大，但是与北京市和天津市相比，河北省对金融高端人才吸引力小、市场化意识弱、产品创新能力不足、金融基础设施较落后，金融对经济的支持作用与京津相比还存在较大差距。在京津冀协同发展的进程中，河北省迫切需要获得优质金融资源的支持。

（一）金融相关率

美国经济学家戈德史密斯在《金融结构与发展》（1993 年）中提出用金融相关率衡量一个地区整体金融服务水平，它是一个地区金融活动总量占该地区经济活动总量的比重。假如我们用本外币存贷款之和来代表金融资产总额（作为分子），用地区生产总值来代表该地区经济活动总量（作为分母）。依据戈德史密斯指出的区间界定，指标值越大，则表明金融对经济发展贡献较大，金融发展程度较高；相反，该比值越小，则表明该地区金融发展程度不高，对经济产生的贡献未得到充分发挥。通过对 2010 ~ 2018 年京津冀三地和全国的金融相关率进行计算后，依据计算结果得到的折线图，如图 4 – 1 所示，在 2010 ~ 2018 年这一统计期内，京津冀三地金融相关率整体都呈现出上升趋势，显示出三地的金融对经济的作用是日益显著，金融发展水平也稳步提升。但是，北京市、天津市、河北省三地之间的金融相关率水平差距是很明显的。北京市远远高于天津和河北，是天津的 2 倍多，河北的 4 倍多；天津市居中，与全国金融相关率水平较为接近；而河北金融相关率最低，低于全国平均水平，直至 2018 年该指标值才超过 3。河北省的整体金融服务水平在京津冀区域属于“凹地”。

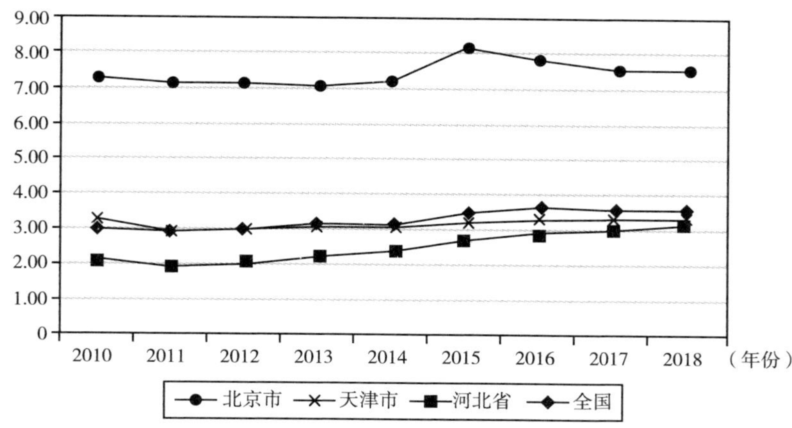

图 4-1　2010～2018 年京津冀地区与全国的金融相关率

资料来源：根据中国人民银行数据整理。

（二）金融业增加值

金融业增加值是一个地区一定时间内金融为该地区的 GDP 带来的增加量，它能反映出一个地区在一定时期内金融的相对规模和发展程度。该指标越大则表明这个地区金融发展程度越高；相反，指标值越小则表明该地区金融发展程度越低。我们还可以用金融业增加值占 GDP 的比重来反映金融在该地区经济发展中的地位，比重越大，金融发展对地区经济发展贡献越大。

如图 4-2 显示，从京津冀地区金融业增加值绝对值角度观察，2007～2017 年京津冀区域金融业增加值呈现逐年递增的发展趋势，该增加值在十年间大约翻了 4.5 倍，这表明京津冀地区金融发展程度逐年升高，金融发展对经济增长的影响越来越大，金融在整个经济中的地位越来越重要。从京津冀区域金融业增加值占全国金融业增加值的比重层面来看，该比例呈现波动上升趋势，2007～2010 年该比重逐年小幅下降，接着逐渐回升，到 2014 年该比例开始超过 2007 年到达一个小高峰，随之又开始波动，至 2017 年，该比重上升至 13.24%，为十年中最高值。

如图 4-3 所示，2007～2017 年，北京市、天津市、河北省三地金融业增加值绝对值和占地区生产总值比重都呈现逐年上升的趋势，表明三地金融发展程度都在逐年提高。但是北京金融发展程度总体上比天津、河北高很多，无论是绝对值还是相对值，北京都明显高于天津和河北，甚至高于津冀两地之和，直到2015年后，该项差距才逐步缩小，北京占比下降，天津、河北占比上升，京津冀金融协同效果初见端倪。

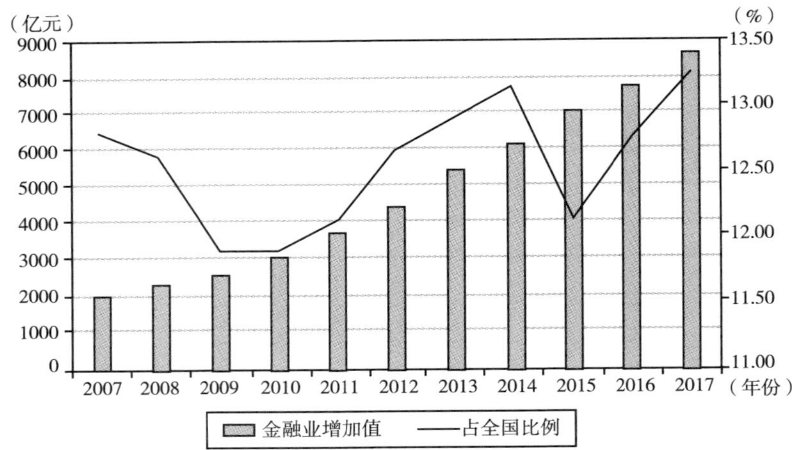

图4－2 2007～2017年京津冀区域金融业增加值及其占全国金融业增加值的比重

资料来源：根据国家统计局数据整理。

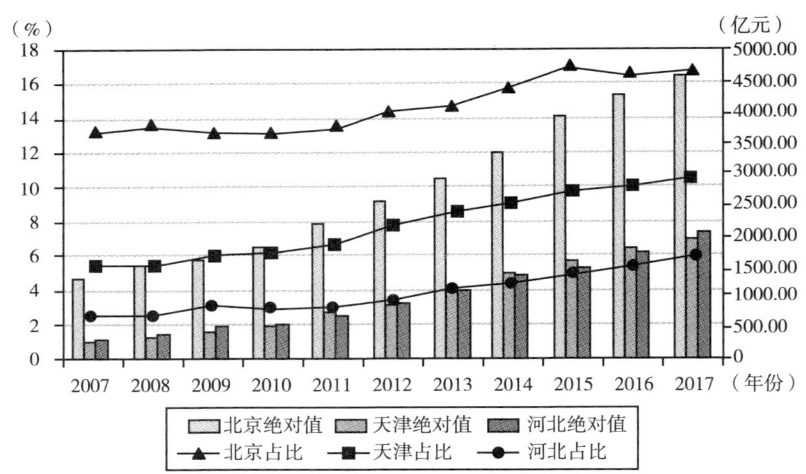

图4－3 2007～2017年京津冀金融业增加值绝对值与其占地区生产总值的比重

资料来源：根据国家统计局数据整理。

二、京津冀创新资本形成的环境基础

就融资效率来看，银行的管制较严格，银行贷款偏向于规模较大的企业，对新兴产业的支持不足，而证券市场通过分散的投资者的不同风险偏好和盈利要求可以实现对企业的长期融资，对各类企业的发展都有较大的融资优势。这一点根据美国20世纪末的信息产业发展速度远超德国就可见一斑。

（一）京津冀区域资本形成的金融中介机构

表4-1列示了2019年北京市、天津市、河北省三地资本形成主体的一些基本情况。从三地金融中介机构的总部数量来看，北京共有56家，分别是证券公司18家、基金公司19家、期货公司19家，而天津共8家，河北省仅有2家，北京市金融中介机构的总部数量远远超过天津市和河北省。

表4-1　2019年京津冀区域资本形成的金融中介机构发展情况

项目	北京市	天津市	河北省
总部设在辖内的证券公司数（家）	18	1	1
总部设在辖内的基金公司数（家）	19	1	0
总部设在辖内的期货公司数（家）	19	6	1
年末国内上市公司数（家）	349	65	56
当年国内股票（A股）筹资（亿元）	2702	9.1	77.6
当年国内债券筹资（亿元）	—	2740	560.4

资料来源：中国人民银行。

（二）京津冀企业在股票和债券市场的融资情况

如表4-1所示，截至2019年12月底，河北辖区上市公司数量为56家，其中，沪市23家，深市33家；主板36家，中小板10家，创业板10家，科技板0家；同时在A股和B股上市公司1家（东旭光电科技股份有限公司）。从河北上市企业所处行业来看，化学原料和化学制品业的上市公司数量最多，达到9家，其次专用设备制造业达到4家，酒、饮料和精制茶制造业，计算机、通信、医药制造业和其他电子设备制造业都达到3家，剩下的行业还未超过3家。从河北省辖区城市来看，石家庄上市公司最多，保定市、唐山市紧随其后。市值方面又以华夏幸福优势明显，超过880亿元。自1994年6月河北第一家企业中国制药在香港上市，经过几十年的持续发展，在香港上市公司中，直接上市的“港股”和间接上市的“红筹股”已经突破34家，后由于中国光纤被取消上市地位后，截至 2019 年 3 月底，总数量降至 33 家。其中，河北在香港上市的企业中有 5 家 H 股公司，分别是新天绿色能源、翼辰实业、河北建设、长城汽车、秦港股份，其他 28 家为红筹股。

截至 2019 年 12 月底，北京辖区上市公司数量为 349 家，其中沪市、深市主板 173 家；中小板 54 家，创业板 105 家；科创板 17 家。

截至 2019 年 12 月底，天津辖区上市公司数量为 65 家，其中沪市、深市主板 45 家；中小板 9 家，创业板 9 家；科创板 2 家。

从上市公司数量来看，北京市的上市公司总数约是天津市的 5.4 倍，是河北省的 6.2 倍。融资规模的差距更大，从 2019 年 A 股筹资额来看，北京市国内股票筹资额达到了 2702 亿元，天津市国内股票筹资额仅为 9.1 亿元，河北省股票筹资额为 77.6 亿元，北京市大约是津冀之和的 31.2 倍。

从 2019 年国内债券筹资额角度看，北京市由于官方暂未公布该数据，但就发行债券活跃度来看排名第一，天津国内债券筹资额为 2740 亿元，是河北省的近 5 倍。

总体来说，北京市的证券业发展程度明显高于天津和河北，在京津冀区域中发展更加迅速，而天津和河北发展程度相差不多。

三、京津冀金融生态资本形成实证分析——储蓄转化为投资视角

储蓄只是资本形成的前提，其本身并不是资本，只有当储蓄有效转化为投资时才能发挥其资本职能。储蓄和投资主体的目的不同，储蓄由主体对未来消费和收入的预期决定，而投资由主体的资本边际产出决定。影响资本形成机制的因素有储蓄供给、投资需求和效率。储蓄供给是转化为投资的物质基础，其水平决定转化为投资的规模，而超过储蓄供给水平的投资需求是无效的；同样，投资需求不足时，储蓄也难以转化为资本；储蓄转化为投资的效率是资本形成机制的关键，有效的转化才能促进资本的形成，进而影响生产要素在不同产业间的分配，最终促进京津冀地区产业的升级。

基于储蓄转化为投资视角研究京津冀地区的资本形成对产业升级的贡献情况，我们在此以京津冀地区金融机构贷款余额占 GDP 的比重来反映金融机构将储蓄转化为投资的能力，记为 F1；以京津冀地区金融机构存款余额占 GDP 的比重表示金融体系提高储蓄能力的作用，记为 F2。以京津冀地区三大产业总产值作为被解释变量，Yi（i=1，2，3）表示第一、第二、第三大产

业产值（见表4-2）。用F1、F2两个指标为自变量分别对三大产业产值进行实证分析，建立以下回归方程。使用EViews8.0计量软件进行实证分析具体步骤如表4-3～表4-5所示，实证分析结果汇总如表4-6所示。

$$LNY1 = \beta 11LNF1 + \beta 12LNF2 + C1 \tag{4-1}$$

$$LNY2 = \beta 21LNF1 + \beta 22LNF2 + C2 \tag{4-2}$$

$$LNY3 = \beta 31LNF1 + \beta 32LNF2 + C3 \tag{4-3}$$

表4-2 2011～2018年京津冀各产业产值

年份	GDP（亿元）	F1	F2	第一产业（Y1）（亿元）	第二产业（Y2）（亿元）	第三产业（Y3）（亿元）
2011	52163.38	1.413429	2.341731	3183.03	22930.14	25864.69
2012	57818.98	1.425781	2.406547	3319.53	25020.43	29117.00
2013	63073.51	1.469788	2.444740	3458.44	26748.73	32338.34
2014	67092.23	1.557078	2.508907	3482.53	27662.96	35488.43
2015	70029.99	1.666507	2.931219	3741.96	26832.07	38992.73
2016	75382.39	1.722493	2.971373	3790.87	27602.68	43414.09
2017	82528.09	1.745466	2.908825	3419.44	28750.40	48396.07
2018	85139.94	1.788969	2.983154	3636.79	29341.81	52613.41

资料来源：《北京市国民经济和社会发展统计公报》《天津市国民经济和社会发展统计公报》《河北省国民经济和社会发展统计公报》、北京市经济年鉴、天津市经济年鉴和河北省经济年鉴。

表4-3 第一产业实证分析结果

变量	系数	标准误	T统计量	P值
LNF1	-0.473523	0.638852	-0.741209	0.4919
LNF2	0.869185	0.571530	1.520804	0.1888
C	7.525580	0.282837	26.607530	0.0000
R^2	0.702827	因变量均值		8.160132
调整的R^2	0.583957	因变量标准差		0.059563
回归标准误	0.038419	AIC值		-3.400526
残差平方和	0.007380	SC值		-3.370736
最大似然估计	16.602100	HQC值		-3.601452
F统计量	5.912599	DW值		1.681581
P值（F统计量）	0.048142			

表 4 – 4　　　　第二产业实证分析结果

变量	系数	标准误	T 统计量	P 值
LNF1	1. 599384	0. 711926	2. 246560	0. 0746
LNF2	–0. 821229	0. 636903	–1. 289409	0. 2537
C	10. 259350	0. 315188	32. 549920	0. 0000
R^2	0. 792015	因变量均值		10. 195740
调整的 R^2	0. 708821	因变量标准差		0. 079342
回归标准误	0. 042814	AIC 值		–3. 183925
残差平方和	0. 009165	SC 值		–3. 154134
最大似然估计	15. 735700	HQC 值		–3. 384850
F 统计量	9. 520091	DW 值		1. 292690
P 值（F 统计量）	0. 019728			

表 4 – 5　　　　第三产业实证分析结果

变量	系数	标准误	T 统计量	P 值
LNF1	3. 736986	0. 872461	4. 283272	0. 0078
LNF2	–1. 102510	0. 780521	–1. 412531	0. 2169
C	9. 871803	0. 386261	25. 557330	0. 0000
R^2	0. 967944	因变量均值		10. 526030
调整的 R^2	0. 955121	因变量标准差		0. 247670
回归标准误	0. 052468	AIC 值		–2. 777237
残差平方和	0. 013764	SC 值		–2. 747446
最大似然估计	14. 108950	HQC 值		–2. 978162
F 统计量	75. 488040	DW 值		1. 756604
P 值（F 统计量）	0. 000184			

表 4 – 6　　　　实证分析结果汇总

变量	LNY1	LNY2	LNY3
LNF1	–0. 473520	1. 599384	3. 736986
LNF2	0. 869185	–0. 821230	–1. 102510
C	7. 525580	10. 259350	9. 871803
P 值	0. 048142	0. 019728	0. 000184

如表 4 – 6 所示，京津冀第一产业的产值 Y1 与金融机构贷款余额占 GDP

的比重 F1 呈现负相关关系；京津冀第一产业的产值 Y1 与金融机构存款余额占 GDP 的比重呈现正相关关系。

第二产业的产值 Y2 与金融机构贷款余额占 GDP 的比重 F1 呈现正相关关系；第二产业的产值 Y2 与金融机构存款余额占 GDP 的比重呈现负相关关系。

第三产业的产值 Y3 与金融机构贷款余额占 GDP 的比重 F1 呈现正相关关系；第三产业的产值 Y3 与金融机构存款余额占 GDP 的比重呈现负相关关系。

金融机构将储蓄转化为投资的能力（F1）对第三产业的贡献度最高，其次是第二产业，最后是第一产业。金融机构提高储蓄的能力（F2）每变动一个百分比，其对第三产业的贡献度均大于第二产业（对第二产业与第一产业的贡献度近似）。储蓄只是资本形成的前提，其本身并不是资本，只有当储蓄有效转化为投资时才能发挥其资本职能，所以增加对第二和第三产业贷款的比重，才能有效增加产业结构中第二、第三产业的比例，有利于促进区域内产业结构不断升级。

综上所述，京津冀金融生态在促进资本形成方面还有很大的潜力可挖。我们可以在研究全球三大湾区金融支持产业升级的金融生态共性的基础上寻找提高京津冀资本形成效率的方法。

四、全球三大湾区金融支持产业升级的金融生态共性

当前已经进入成熟发展阶段的全球三大湾区是美国的纽约湾区、旧金山湾区和日本的东京湾区。这三大湾区已形成多元开放和国际化的城市群体系，具有高度发达的金融服务业、强大的资源集聚效应和高效的资源配置能力，成为国际创新资本形成中心的战略高地，为技术创新提供了充沛的资本。京津冀金融生态协同创新应对标借鉴美国、日本等发达国家，尤其是全球三大湾区的成功经验。这种借鉴，可以帮助京津冀寻找金融生态协同创新的占优路径，更好地驱动产业升级。

纽约湾区是全球最发达和规模最大的金融中心，是“金融之湾”，具有强大的金融资源配置能力。这里有纽约证券交易所和纳斯达克证券交易所（NASDAQ）。其中，纳斯达克证券交易所主要为中小高新技术企业提供融资。纽约湾区发达的金融业和资本市场有力地推动了创新资本形成。截至 2019 年 10 月，2356 家公司在纽约证券交易所上市，总市值达 23.24 万亿美元；3098 家公司在纳斯达克证券交易所上市，总市值约 12.14 万亿美元（胡耀亭，

2020）。

旧金山湾区是“创新之湾”，具有完善的创新资本生态体系。依托硅谷在技术创新和资本方面的影响力与辐射力以及领先世界的风险投资环境和成熟的风险投资机制，成为美国创新与创业最为活跃的地区，吸引了全球大量资金流入湾区，推动了湾区高新技术企业的发展。

日本的东京湾区是“产业之湾”，近年实现了从产业资本中心到自由资本中心的转变。历史上，东京湾区主要通过政府主导的主银行体制，有超过90家的银行总部聚集在此，以低利率方式向规划产业进行资本倾斜。但20世纪90年代后，日本政府实施“金融大爆炸”，通过开放金融市场、发展直接融资等手段，开启湾区自由资本中心之路。日本的东京湾区拥有亚洲最大、世界第三的证券交易所——东京证券交易所。截至2019年10月，东京证券交易所拥有3869家上市公司，总市值约6万亿美元（胡耀亭，2020）。

三大湾区在创新资本形成支持产业升级的过程中具有地理区位优势、经济总量庞大、人力资源丰富、金融业与资本市场高度发达等共性。基于支持产业升级的金融生态视角，三大湾区发达的金融业和资本市场为资本流向创新型企业提供了强力支持。

五、京津冀创新资本形成机制的薄弱环节

比照全球三大湾区发达的金融业和资本市场为资本流向创新型企业提供的强力支持，京津冀创新资本形成机制环节的薄弱之处凸显。具体表现为以下两个层面。

（一）京津冀区域资本形成渠道单一

一是第三产业即服务业占比较低，在资本市场，相对而言，股票一支独大，债券、基金规模较小，衍生品缺位，风险对冲工具匮乏，金融产品体系延展性较差，资本市场服务产业发展的功能发挥受到制约。

二是市场开放有限，境外资金进出的限制相对较多，金融市场的基础设施安排方面与国际市场亦有一定差异，境外企业和投资者参与境内金融市场的便利性不足，不能充分利用境外丰富的资本市场经验来增强境内市场资本形成效率。三大湾区的形成过程中，交易所都发挥了至关重要的作用。从伊利运河、铁路兴起，到20世纪初的美国重工业化，以纽约证券交易所为代表

的资本市场极大地满足了美国经济发展的巨大融资需求。1971 年纳斯达克证券交易所成立，为高科技、高成长企业的发展提供了源源不断的资金支持，促进了高科技技术与资本的有机融合，美国再次引领世界科技革命的浪潮。此外，通过证券交易所，纽约、东京湾区汇聚了大量上市公司、金融机构，形成强大的区域金融竞争力。以东京湾区为例，依托东京证券交易所的资本形成能力，东京周边聚集了 50 多家世界 500 强企业。

三是目前京津冀区域内部在人才、资本、物流、信息等方面的流动仍是有限制的，存在较高的前置条件和准入门槛，导致三地生产要素流动不畅。

四是市场的有效金融创新不足，企业的融资渠道过于单一，阻碍金融资源的有效配置，许多小微企业仍然面临融资困难的问题，实体经济的发展需求难以充分满足。

（二）资本市场生态体系尚需完善

第一，资本形成模式仍需完善。北京和天津地区营商环境较优，但在河北省，市场在金融资源配置中的作用还不能充分发挥，存在估值扭曲、刚性兑付、明股实债等问题，资金无法有效大量配置到新兴产业上，阻碍了有效资本形成。行政壁垒制约了三地政府建立常态化沟通协作机制，增加了区域资本形成的成本，阻碍了对市场风险的集中把控，增加了资本形成过程中风险监测难度，造成了资本形成效率的损失。

第二，京津冀创新资本形成效率有待提升。三地产业结构尚未形成优势互补的合作格局。京津冀内部尚未实现差异性、互补性发展，各城市之间存在一定程度的同质化竞争，导致了资本形成过程中的整体效率损失。制度包容性不足，创新资本形成能力受到限制。迫切需要完善京津冀多层次资本市场，强化对创新企业的包容性。投资者结构以个人投资者为主，机构投资者整体规模偏小。

综观世界三大湾区都曾经或正在经历港口经济、工业经济、服务经济、创新经济的升级路径。通过观察其产业升级过程可发现，直接融资占比日益提高，资本市场生态体系不断完善，机构投资者占比不断增长，外资内用特征明显，资本市场广度和深度不断拓展。当前，以美国为首的发达国家已经启动新一轮经济结构调整，掀起了一场抢占未来产业革命制高点的竞赛。坚持创新驱动、促进内生增长、提升发展质量已成为国际共识。全球科技创新角逐的背后，其实是各国创新资本形成效率的竞争。资本市场是现代经济体系中最核心、最活跃的因素，是风险分散、利益共享的主渠道，能够适应科技创新周期长、投入大、不确定性高等特点，激励更多人才投身其中。在未来，如何充分利用资本市场，提高创新资本的形成能力，是抢占新一轮制高点的关键。只有通过市场化资本形成模式，不断拓宽资本形成渠道，提高资本形成效率，才能加速科技创新向现实生产力的转化，形成新的增长点。

当前，京津冀金融生态协同创新的重要任务是促进有效资本形成，引导金融资本向创新聚集，促进创新经济发展。

第二节　资金导向机制环节测试

产业结构升级的本质是指产业结构合理化、高级化和可持续发展性。合理化要求对产业资本的存量进行调整，推动资本由低附加值、弱竞争力、处于价值链低端的夕阳产业向发展前景好、附加值高、竞争力强的朝阳产业发展；高级化要求对战略性新兴产业和高新技术产业进行资本的增量投入和扶持；产业结构可持续发展性要求资本投入从高耗能、高污染产业转向投入节能环保、可持续发展的产业。因此，产业结构升级需要金融生态发挥其资金导向机制来实现资本在不同地区、产业和部门之间的合理流动和配置。

一方面，金融市场与金融机构基于市场竞争机制和优胜劣汰的规则，追求更高的利润，促使资本向效率和收入弹性更高的产业转移；另一方面，当市场失灵时，政府政策性金融通过制定相关的财政、货币政策以及实施优惠补贴策略引导资本向发展前景好、技术和知识密集、处于价值链高端的产业转移，弥补和矫正市场失灵带来的短期行为，在长期视角下实现产业结构的升级。

一、京津冀金融市场与金融机构的资金导向机制测试

合理有效的资金导向能够淘汰低效、衰退产业，发展高附加值、高收益产业，优化产业结构。资金导向机制分为以下两类：一是商业性金融机构资金导向机制；二是金融市场资金导向机制。

（一）商业银行资金导向机制

在现代金融市场体系中，始终追求利益最大化的商业性金融机构居于最重要的地位，具有高效、灵敏等特点。在实现资金配置过程中，商业银行充分考虑自身利益，对投资项目进行评估，引导资金流向具有发展潜力的产业。但是，在实际业务运作中，商业银行都是追求利益最大化和风险最小化原则，更愿意将借款放给收入来源比较稳定、规模较大的公司，比如一些传统大型企业；对于那些新兴产业来说，如物联网、高端装备制造、节能环保、新能源汽车等，这些企业获得银行贷款的难度就大大上升。

1. 商业银行资金导向的内馈风险

商业银行往往会优先考虑对于大企业的信贷资金。大企业相对于中小企业具有获得资金的比较优势，往往会忽视资金的有效利用，企业经营管理者倾向于更多地选择一些高风险项目，以期获得更高的收益。一旦选择错误，导致项目投资失败，资金链断裂，最终形成不良贷款。某些城商银行，由于其所处地域与自身发展特点，倾向于将信贷资金投放到一些政府关联企业。由于这些企业在获得资金时有政府为其担保，从而导致这些企业疏于经营管理。政府关联企业的资金使用有一定的隐蔽性，银行对其资金的流动进行严格监管的难度加大。如果企业发生经营风险，银行不良贷款增加在所难免。

商业银行将信贷资金投放到少数几家企业，增加了银行的经营成本，造成商业银行资产结构单一。当银行的资金来源增加时，由于与商业银行的合作企业只有少数几家，这类企业往往在贷款额度和贷款时间上都受制于企业本身的生产周期和经营规模，商业银行的贷款不能随着资金来源的增加而增加。不利于商业银行进行贷款的期限错配，增加了银行的经营成本，降低了资金的使用效率，容易引发风险集中效应。一旦这些企业的经营出现状况，企业的资金链紧绷或断裂，在贷款到期日时企业不能全部偿还贷款，就会产生关注性贷款或坏账。

2. 商业银行资金导向的外溢风险

贷款过度集中容易诱发道德风险，影响金融经济稳定发展。商业银行在发放贷款时，大多优先考虑优质大客户或行业，造成提供给这些企业的资金十分宽裕，甚至产生闲置。合乎理性的企业管理者为了获取利润最大化，就会冒进地将这些闲置的资金投入一些高风险、高收益的项目。例如，将信贷资金投入股票、基金等证券资产，然而资本市场的价格具有很强的波动性，企业一旦投资亏损，贷款就无法按期偿还，从而产生道德风险，增加银行不良贷款。

从企业层面来看，贷款过度集中于收益率高的大企业客户不利于社会经济的均衡发展。那些真正有资金需求的中小企业融资难、融资贵，尤其是创新能力高、发展前景好的一些高新技术企业，由于缺乏启动资金或生产发展资金产生发展瓶颈，耽误企业做大做强。从某种程度上，引发如失业等一系列的社会问题。

从京津冀区域内部来看，贷款集中于京、津的经济发达地区，会对欠发达地区产生"虹吸效应"，尤其是环绕在北京和天津周边，由河北张家口、承德、保定等地区的 25 个贫困县（环京津贫困带）难以获得信贷资金来支持发展地区经济。"环京津贫困带"的第一产业贡献率远远高于北京和天津，但第二、第三产业贡献率却远不如北京和天津，这种产业构成的不平衡又进一步拉大信贷资金的配置不均衡。在京津冀协同发展的大背景下，"环京津贫困带"的存在成为京津冀区域协调发展的制约因素，迫切需要金融支持以优化产业结构，促使产业升级。

当下创新驱动已经成为产业结构升级的重要推动力，而战略性新兴产业正是引领创新驱动的关键行业。战略性新兴产业的创新性、成长性、引导性和带动性等特征使其成为转变发展模式和抢占经济制高点的关键，所以应该改变资金流向，将注意力放在战略性新兴产业上。当然，重视新兴产业的发展并不是要一味摒弃与淘汰传统产业，而是要发挥战略性新兴产业所具有的技术进步和科技创新等优势来对传统产业进行改造（如，"环京津贫困带"可以发展现代农业和与之相关的加工业、旅游业等）。

（二）金融市场资金导向机制

通过发行股票、债券等筹资手段实现资金的优化配置。一个完善、有效的金融市场会自发形成资金导向机制，这是由资本的逐利性决定的，资本逐利的必然结果则是产业结构调整。此外，金融市场资金导向机制的形成需要京津冀地区具备完善的金融市场制度、有效的会计制度和信息披露制度，否则可能导致金融市场无效率，无法发挥产业结构调整功能。

1. 将资金导向低碳产业推动产业升级

尽管京津冀协同发展已经成为我国的重要战略规划，很多政策也在慢慢落实到位，但由于它们本身的发展背景相差加大，使得京津冀在政治经济方面存在着极化效应，很多优秀的人才、技术资源流向北京、天津，高新技术企业大多在北京集聚，相应地这也导致了许多高能耗、排污严重的企业向河北转移，技术落后型企业比较多，河北省是典型的传统重工业大省，河北省产业发展和生态环境保护的矛盾日益尖锐。

将资金导向低碳产业，发挥绿色金融在京津冀产业升级过程中的资金杠杆和资源配置作用。绿色金融通过去过剩产业产能、去僵尸企业杠杆的方式，引导信贷资金从产能过剩产业转向绿色产业，实现产业的绿色转型；通过合理配置信贷资金占比，优化投资结构，降低绿色产业融资成本，提高绿色产业企业的市场竞争力，实现产业结构的绿色转型升级，推动京津冀产业升级。

2. 京津冀产业升级过程中的资金导向偏差

从京津冀（尤其是河北省）污染企业的贡献率效应来看，高污染、低产值的现象仍然相当严重，产业结构优化的效应未能显现。具体表现为以下三点。

第一，绿色金融实施力度偏弱，无法达到从整体上把控资金流向的作用。绿色信贷实践与预期目标相比还有不小的距离，大面积推进还面临着不少制度性和技术性的困难。银行不能严格实施绿色信贷政策，金融市场上缺乏绿色债券和绿色基金等其他金融工具，意味着“两高”行业仍然能够在维持其原有粗放型生产模式的情况下低成本获取资金，自然缺乏产业升级的激励和动机。

第二，企业环境风险动态评估难度高，绿色信贷政策难以落实。对于银行在授信前进行环境风险评估的成本，缺乏具体可得的数据。目前，京津冀环保政策和信息缺乏统一管理与发布机制，加上环保专业性强，银行信息搜集成本非常高（包括人力资源成本、咨询测评费用等）。在获取环保信息代价如此高昂的情况下，商业银行很难全面落实对企业的环境评估和审查。

第三，大量“两高一剩”[①] 资金的农村商业银行和城市商业银行未开展绿色信贷业务。

二、京津冀政府的资金导向机制测试

产业升级是京津冀经济协同发展动力源，需要中央及地方政府资金的引

① “两高”指高污染、高能耗的资源性行业；“一剩”指产能过剩行业。

导与支持。在此我们通过对发达国家政府的资金导向机制进行梳理，寻找京津冀政府的资金导向机制的短板。

（一）发达国家发挥财政政策的结构性调整效应

1. 税收优惠和财政补贴扶持产业升级

通过税收优惠和财政补贴来提高实体经济领域中小企业的收益，从而增加其对于闲置资金的吸引力，主要涉及降低税率、延长纳税时间和给予直接补贴。日本的小企业可以享受较低的税率，且纳税宽限期为10个月；美国按照个人所得税率对小企业征收企业所得税，且将其纳税期限延长为6个月；德国在下调小企业所得税率的基础上，对于符合条件的小企业还免征营业税，为小微企业创业提供1.2万欧元的一次性资助；法国免征新建小企业5年所得税，且将其折旧率提高20%，为小微企业提供人力资本补助；英国为创办中小企业的失业者每周提供40英镑的补贴；意大利直接向符合条件的小微企业提供总投资额30%~50%的资金补贴；俄罗斯则设立了小企业发展基金，每年拨款10亿卢布；韩国政府颁布《信用担保基金法》，在历年财政预算的基础上，吸收各金融机构缴纳的信用保证基金附加费，成立了信用担保基金，为有发展前途但却缺乏有形抵押品的工商企业提供负债担保；荷兰不仅减免中小企业的所得税和小微企业的增值税，还对小企业的安全保护投资以及房地产投资进行税收减免，并为其提供小规模的投资补助（郑春美、许玲玲、胡肖夫，2013）。

2. 降低企业的融资成本

任何一个产业的培育和发展都离不开两个要素：技术创新和金融支持。金融可以通过降低企业的融资成本来加强具有增长效应的产业发展。在这方面，各国的具体措施各有差异。

日本通过中小企业金融公库、国民金融公库、商工组合中央金库为小微企业提供长期低息贷款及多项免息或优惠的金融服务，并以政府财政资金引导民间金融机构为科技型小微企业提供风险投资。

美国实施微型企业专用贷款，在贷款期限方面进行展期，最高延长至20年。有上万家专门为中小微型企业提供金融服务的投资公司，为那些融资困难的科技型小微企业提供无担保或担保不充分的贷款。民间风险投资公司既可以通过向小企业发放贷款获取利息，还可以直接投资有发展潜力的小企业。

此外，还通过债券担保、担保开发公司等形式直接为中小企业的经营提供资金援助。

德国政府为贷款提供风险担保和支付利息，一方面，对担保机构给予一定的资金支持。另一方面，通过“马歇尔计划援助对等基金”直接向小企业提供贷款。德意志银行向新创立的小微企业提供低息贷款。更独特的是，德国的政策性银行还可以对具有较高发展潜力的科技型小微企业进行投资入股。

新加坡对不同类型的企业和业务领域提供不同形式的贷款，比如对本地企业经营设备的更新换代和业务员拓展提供专门的本地企业融资计划，对于那些规模小且知识密集型企业则提供微型贷款支持，同时还通过支付大部分保险费用的方式为相关的中小企业提供贷款保险。

荷兰成立了专门的中小企业发展银行，在给初创期的中小企业提供贷款支持的基础上，还为中小企业的贷款提供信用担保。

综上所述，无论是直接的融资支持、优惠贷款，还是间接的贷款担保、贷款保险，都在很大程度上降低了企业获取资金的成本，进而扩大了中小企业的盈利空间和对外部资金的吸引力。

3. 通过各种形式的政府资金支持企业的研发与创新

中小企业是实现创新不容忽视的主体，但是，因其资金短缺，研发投入不足。不同形式的政府资金支持是引导金融服务产业升级的重要抓手。综观发达国家政府对实体经济产业升级的支持，主要有无偿资助和有偿资助两种方式。

（1）无偿资助方式。美国通过设立大量中小企业投资公司，为融资困难的中小企业直接提供贷款或者为其贷款提供充分或较充分的担保支持。

英国以风险投资信托为依托，通过直接减免小微企业的所得税来实施对其的支持。

韩国颁布了《新技术企业金融支持法》，成立了专门的技术信用保证基金为高科技的初创企业提供支持。

（2）有偿资助方式。德国政府非常重视有技术创新能力的小企业，德国小企业银行为自主创业者提供不需要抵押也不改变企业所有权结构的资本援助，即使这些企业破产，企业也没有必要优先偿还这部分贷款。

法国的政府资金则是通过基金或风险投资的方式来进行管理，并按照市场规则获得合理的经营收益。法国还建立了研究开发投资税收的优惠制度，规定凡是增加研发投入的中小企业都可以享受减税优惠，而且对于高科技企业政府除了减税、提供无息贷款、专项拨款以外，还提供兼职技术人员协助企业发展。

日本通过政策性金融机构为中小企业的创新提供信贷支持，这些政策性金融机构可以为中小企业的创新项目提供低于市场利率2%～3%的长期优惠贷款。

产业升级是京津冀经济协同发展的动力源，需要中央及地方政府资金的引导与支持。政府、金融机构、企业这些金融市场主体协同发力，运用金融市场的各种金融工具，将资金通过金融生态引导到产业升级的重地。如何借鉴发达国家财政政策的结构性调整的经验，助推产业升级？京津冀金融生态协同创新任重而道远！

（二）京、津、冀地方政府财政引导的作用未充分发挥

产业升级的实现既要依靠经济持续增长来推动，又受到资本、劳动力、技术、信息等生产要素作用的影响。当产业升级过程面临生产要素约束时，各级政府可以通过制定相应的财政收支政策，增加产业升级所需的生产要素供给以提高生产要素的配置和使用效率，从而持续稳定地推进产业升级进程。一方面，政府通过扩大支出规模拓宽产业的融资渠道，增加所需生产要素供给，以不断激励企业扩大生产规模；另一方面，政府在扩大支出规模的基础上，引导社会资源向产业升级的重点领域流动。政府资金导向的作用体现为：改善投资环境、实现产业结构合理化并促进产业结构高级化。其作用以一定时期的财政财力为限。财政财力是财政投融资的发展基础。财政投融资是将财政分配和再分配获得的财政预算内划拨的建设资金、财政让渡的资金、以政府信用为基础融通的资金投资于贯彻有关经济政策和社会发展政策的项目。虽然不以盈利性项目为主要目标，但其有偿性区别于财政投资。在市场经济环境中，经济建设单纯依靠财政投资的格局已经被打破，财政投融资体制在财政财力有限的条件下通过调动多元化的投资力量，更加充分地发挥资金导向机制。

京津冀三省市地缘位置临近，具备经济协同发展基础，但区域内分化较大，财政健康程度各不相同。北京、天津财政的实力较强，而河北长期经济结构单一，和京津在人均GDP和税收收入方面相比差距不断扩大，收支矛盾相对突出，产业发展能力受限（见表4－7）。河北财政补短板任务较重，与

京津存在明显落差，导致京津企业缺乏面向河北的积极性。三地仍旧在不同程度上保持各自为政的发展模式，通过资金扶持、税收支持等财政手段进行政策博弈，吸引更多的优质市场要素和社会资本落户到本地区。产业升级、项目建设区域层面的统筹安排和有效整合不足，投资效率较低，协同发展利益激励不充分、合作动力不足，区域协同发展潜力尚未全面激活。在区域协同财政资金使用上，存在投入分散、方式单一、效果不佳等问题，财政政策方向引导的作用未充分发挥，利用财政杠杆撬动社会大规模资金的目的尚未实现。

表4－7　京津冀三地财政数据

类别	省市	2011年	2012年	2013年	2014年	2015年	2016年	2017年
人均地区生产总值（元）	京	81658.0	87475.0	94648.0	99995.0	106497.0	118198.0	128994.0
	津	85213.0	93173.0	100105.0	105231.0	107960.0	115053.0	118944.0
	冀	33969.0	36584.0	38909.0	39984.0	40255.0	43062.0	45387.0
税收收入（亿元）	京	2854.6	3124.7	3514.5	3861.3	4264.0	4452.9	4676.7
	津	1004.0	1105.5	1310.0	1486.9	1578.0	1624.2	1611.9
	冀	1348.5	1560.6	1724.9	1866.1	1934.0	1996.1	2199.4
一般公共预算收入（亿元）	京	3006.3	3314.9	3661.1	4027.2	4723.9	5081.3	5430.8
	津	1455.1	1760.0	2079.1	2390.4	2667.1	2723.5	2310.4
	冀	1737.8	2084.3	2295.6	2446.6	2649.2	2849.9	3233.8
一般公共预算支出（亿元）	京	3245.2	3685.3	4173.7	4524.7	5737.7	6406.7	6824.5
	津	1796.2	2143.2	2549.2	2884.7	3232.4	3699.4	3282.5
	冀	3537.4	4079.4	4409.6	4677.3	5632.2	6049.5	6639.2

资料来源：根据国家统计局网站、京津冀三地国民经济和社会发展统计公报整理得出（2018年、2019年数据不全，只整理至2017年）。

此外，财政贴息是财政政策中对产业结构调整的一项重要措施，通过对一些需重点扶持的基础产业和微利行业的贴息，可以有效地引导资金的投向。其与信贷投放结合运用，可以弥补货币政策在结构调整方面的一些缺陷。在市场经济条件下政府职能的转变使其投资领域集中于市场机制难以发挥作用的领域。但是，财政贴息也要依靠一定时期的财政财力。通过京津冀财政力量的对比（见表4－7），河北省政府的资金导向能力相较于北京市和天津市落差很大。

第三节　京津冀金融生态协同发展程度测试

一、基于F-H模型测度京津冀金融协同发展程度

F-H模型，即储蓄—投资相关性检验。设想其有两种极端情况：一是资本不能跨区流动，地区投资和储蓄间相关系数为1；二是假设跨地区间资本完全流动，地区储蓄能够寻找收益率高的任何区域去进行投资，此时投资储蓄相关系数约为0。根据模型原理，若相关系数β近于1，说明该地域金融协同程度很低；β越接近于0，则说明金融协同程度越高。

（一）实证分析过程

1. 数据选取与处理

基于我国银行业在金融业中占比较大的国情，应对数据进行调整。本书选取了京津冀三地（记i=1，2，3来分别表示北京BJ、天津TJ、河北HB）的2004～2018年的数据，数据来源于国泰安数据库。选择的数据包括金融机构年末存款余额（D）、贷款余额（L）、地区GDP（Y），并用各地金融机构存款余额除以该地GDP得到存款率 $(D/Y)_{it}$，其作为自变量，贷款率 $(L/Y)_{it}$ 为因变量。

2. 平稳性检验

因用不平稳经济变量建立回归模型会造成虚假回归，因此时间序列平稳性是进行分析的前提。运用EViews8.0分别对序列 $(D/Y)_{it}$ 及 $(L/Y)_{it}$ 进行单位根检验，结果如表4-8所示。

表4-8　　单位根检验结果

变量		LLC-T统计量	IPS-W统计量	ADF统计量	PP统计量
序列 $(D/Y)_{it}$	水平序列P值	0.7206	0.8182	0.4798	0.5714
	一阶差分P值	0.0000	0.0002	0.0010	0.0000
序列 $(L/Y)_{it}$	水平序列P值	0.8183	0.7106	0.2612	0.4652
	一阶差分P值	0.0000	0.0000	0.0000	0.0000

检验结果显示，对于序列 $(D/Y)_{it}$ 和序列 $(L/Y)_{it}$，水平序列检验 P 值均大于 0.05，表明存在单位根、不平稳；接着 1 阶差分单位根检验 P 值均小于 0.05，拒绝原假设，通过了面板数据单位根检验，序列 $(D/Y)_{it}$ 和 $(L/Y)_{it}$ 是 1 阶单整 I（1）的，可进一步回归分析。

3. 模型形式设定

（1）由于数据涉及面板数据，因此有三种可选取的模型形式：

①变系数模型 $y_i = \alpha_i e + x_i\beta_i + \mu_i$

②变截距模型 $y_i = \alpha_i e + x_i\beta + \mu_i$

③不变系数模型 $y_i = \alpha e + x_i\beta + \mu_i$

（2）运用协方差结果来检验下列假设：

$$H_1: \beta_1 = \beta_2 = \cdots = \beta_N$$

$$H_2: \alpha_1 = \alpha_2 = \cdots = \alpha_N, \beta_1 = \beta_2 = \cdots = \beta_N$$

用 F 统计量去模型判定，方法为：若统计结果不能拒绝 H_2，则无须再做下一步检验，应选用不变系数模型；若显著拒绝 H_2，则应接着检验 H_1。若不能拒绝 H_1，那么应采用变截距模型，若显著拒绝 H_1，则样本序列应选用变系数模型。分别构建变系数、变截距、不变系数模型的残差平方和为 S_1、S_2、S_3。期数为 T，截面数目为 N，因变量个数为 k。

构建 F 统计量为：

$$F_2 = \frac{(S_3 - S_1)/[(N-1)(k+1)]}{S_1/(NT - N(k+1))} \sim F[(N-1)(k+1), N(T-k-1)]$$

$$F_1 = \frac{(S_2 - S_1)/[(N-1)k]}{S_1/(NT - N(k+1))} \sim F[(N-1)k, N(T-k-1)]$$

算得 F_1、F_2，与临界值相比作出判定。

在 EViews8.0 中，将北京、天津、河北的存款率和贷款率分别输入为时间序列数据，进行变系数、变截距、不变系数模型估计，输出结果为：

$S_1 = 1.334549$、$S_2 = 1.655015$、$S_3 = 3.060858$

将 $N = 3$，$k = 1$，$T = 15$，$S_1 = 1.334549$、$S_2 = 1.655015$、$S_3 = 3.060858$ 代入 F 统计量计算可得：$F_2 = 12.612$，$F_1 = 2.342$。

查阅 F 分布表，在 $\alpha = 5\%$ 的显著性水平下，获得相关临界值为：

$F_{2\alpha}(4,30) = 2.14$，$F_{2\alpha}(4,40) = 2.09$，$F_{1\alpha}(2,30) = 3.32$，$F_{1\alpha}(2,40) = 3.23$

由于本书序列的 F 统计量 $F_{2\alpha}(n_1, n_2)$ 中 $n_1 = 4$，$n_2 = 39$，因此在 $\alpha = 5\%$ 的情况下，$2.09 < F_{2\alpha}(4,39) < 2.14$；$F_{\alpha}(n_1, n_2)$ 中 $n_1 = 2$，$n_2 = 39$，因此 $3.23 < F_{\alpha}(2,39) < 3.32$。将计算所得的 F_2、F_1 分别与 $F_{2\alpha}(4,39)$、$F_{\alpha}(2,39)$ 比较，得到：$F_2 > F_{2\alpha}(4,39)$ 且 $F_1 < F_{\alpha}(2,39)$，检验结果是显著拒绝 H_2、接受 H_1，因此应选用变截距模型。

4. 个体影响形式的确定

此处用 Hausman 检验来确定个体影响形式是固定还是随机效应影响，这是为了检验误差项即个体不随时间改变的变量是否和解释变量相关。先建立随机效应回归（见表 4 – 9），再进行 Hausman 检验（见表 4 – 10）。

表 4 – 9 随机效应回归结果

变量	系数	T 统计量	P 值
常数项 C	0. 553512	2. 230271	0. 0310
自变量系数	0. 342931	4. 766640	0. 0000

表 4 – 10 Hausman 检验结果

实证结果	Chi – Sq. 统计量	P 值
横截面随机	0. 000008	0. 9977

表 4 – 10 显示，Hausman 检验统计量是 0. 000008，P 值为 0. 9977，表明接受个体影响与解释变量不相关的原假设，应将模型确定为随机效应模型。

5. F – H 模型检验结果

经过对模型、个体影响形式的分析后，确定应该建立随机效应变截距模型。根据表 4 – 10 数据得到京津冀区域 F – H 模型的最终形式为：

$$(L/Y)_i = 0.554 + 0.343\ (D/Y)_i + \varepsilon$$

表 4 – 9 显示常数项的 T 统计量为 2. 23，对应 P 值为 0. 0310 < 0. 05，结果显著；相关系数 T 统计量为 4. 77，对应 P 值为 0. 0000 < 0. 05，这表明方程显著，因此可得京津冀区域储蓄与投资的相关系数 $\beta = 0.343$。

（二）实证分析结果

根据 F – H 模型可知，如果被检验地区的储蓄与投资 β 系数越趋近于 1，则该地区金融协同程度越低；反之越近乎 0，则协同程度越高。实证检验结果显示京津冀地区储蓄—投资相关系数为0.343，这表明京津冀金融资本存在一定流动性，金融协同是存在的，但是并不突出，即京津冀地区金融协同程度还有待提升。

二、阻碍京津冀金融生态协同发展的因素

（一）京津冀区域内缺少联动机制

行政区划壁垒使各地方政府以实现本地区利益最大化为宗旨，集中精力将各项金融资源集中于本区域，而不是辐射于周边区域，各自为政的模式导致本位主义和地方保护主义盛行。京津冀三地功能定位不清晰，可能导致地区金融竞争大于合作，过度盲目竞争会造成双方人力、物力和财力方面的巨大浪费，进而导致资源错配。

（二）跨区域金融服务能力不足

现行银行体制的管理及考核方式跨区域间存在差异，金融层面一致性仍需进一步协调。跨区域结算渠道不畅，京津冀区域结算手段仍然面临问题。跨区域信息共享机制也不完善，京津冀三地间政策法规多为服务于其各自地区的金融业务，很少是为京津冀区域合作进程制定的。

（三）河北省是京津冀金融生态共享短板

河北省金融资源处于劣势，河北省与北京相比金融机构数量少了很多，并且金融机构类型单一。金融高端人才紧缺，北京存在首都优势，加上高薪资的吸引也使得更多金融人才流向京津地区。河北省绿色金融发展也面临挑战，河北省承接北京的非首都功能，在产业转移和升级过程中河北省可能会承接一些高污染、高耗能等重工业企业的转入，这会对其造成生态压力，数据显示河北钢铁集团产量位于全国钢铁产量的首位，而与之相比的金融机构对绿色金融信贷业务的发展状况就显得非常逊色了。

三、京津冀金融生态协同发展需要创新突围

金融创新可以突破原有的行政藩篱，提高区域金融市场运作效率、增强金融作用力，推进区域金融生态协同发展进程。接受并尝试新兴业态，增强

融资渠道；注重金融产品的创新开发（例如新型、绿色金融产品）；发展普惠金融和科技金融；促进金融机构由专业经营向混业经营模式的转变；加强地区金融系统性风险的防控，以金融创新促进区域金融生态协同发展，进而推动京津冀整体一体化进程。

1. 尝试金融业态创新

新兴金融业态逐渐涌现，有助于激活市场动力。京津冀应鼓励互联网金融、私募基金等新业态发展，支持金融创新，资本市场上应该充分发挥新三板作用，大力扶持企业挂牌融资，使得资本市场直接融资成为可能，债券市场上也应以多种方式扩大企业融资渠道。

鼓励金融产品创新要大力发展绿色金融，在经济决策中把潜在环境因素考虑进去，注重生态资源保护和污染治理，促进社会可持续发展。金融机构要加快绿色金融产品的开发和推广，提供多元化绿色信贷服务。政府可以借鉴发达国家经验，研发推广绿色证券，提升绿色金融推广度，加强大众对绿色金融的信心。

2. 促进金融制度创新

要发展普惠金融，促进机会平等，匹配京津冀一体化的目标。还应大力发展科技金融，运用“互联网+”等技术构建京津冀区域内科技金融资源数据共享平台，更好地发挥利用现有科技资源，促进地区产业健康发展，政府要努力建立公平有序、统一开放的市场环境，强化监管。

3. 创新金融机构经营模式

应创新金融机构经营模式由专业经营向混业经营方向发展，提高社会福利，降低金融服务成本，推动金融资源区域内充分流动和有效配置。此外，区域内各个金融机构之间要强化合作，摒弃恶性竞争，保障京津冀区域一体化的顺利推进。

4. 注重京津冀区域内金融风险防控

京津冀区域应该坚持金融创新与区域金融风险防范同时进行，构建全方位金融风险防范体系，维护市场稳定。金融监管过程中要加强协作，提升金融风险识别、预警、防控能力，根据特定风险作出针对性措施，降低发生地区风险的可能。

第五章　京津冀金融生态的资源配置现状

第一节　金融资源的内涵

一、金融资源的概念

金融资源的概念首先是由戈德史密斯提出来的，但是他仅仅是首先提出这一概念，并没有做出更多深入的研究。在我国，经济学家白钦先（1998）首先提出了金融资源的概念，并且提出了很多开拓性的见解。他认为金融资源是一种基本的、稀缺的和战略性的资源，同时他认为金融资源还是一种特殊的资源，因为它能够通过自身的配置去配置其他的资源。他将金融资源划分为基础层次、中间层次和整体层次，具体说来，基础层次也即第一层次，包括货币资本这一核心金融资源；中间层次即第二层次，该层次同西方学者戈德史密斯对金融资源的界定大致一致，即包括金融市场上的各类金融机构和各类金融法律法规等；整体层次也即第三层次，是个广义概念，主要包括金融系统各组成部分间的运行机制以及运行状态，是高层金融资源。崔满红（1999）在结合白钦先金融资源观的基础上重新对金融资源进行概念界定，并将金融资源从广义到狭义分为四个层次，即：一是商品资源，即派生性金融资源，也就是金融资源所派生出来的“产品”和工具，如那些在市场上流通和交易的汇票、期票、支票和债券股票等有价证券都是金融资源；二是制度资源，即金融制度与法规的派生物，如金融法律、金融法规、金融机制以及金融市场等这些制度性要素也被认为是金融资源；三是资本资源，即具有周转、交易、增值等基本特征，尤其是为满足生产与流通领域而开发出来货币资源的可再生性金融资源；四是货币资源，即货币化的资财，主要指发行后在社会上流通的货币总量。通过对学者们对于金融资源分类的研究，可以发现，有的分类是从狭义和广义的角度去划分区别，有的是从宏观和微观的角度来进行分类。无论是从哪些角度进行划分，对于金融资源的认识大体上还是不变的。此处从实际可操作性和数据的可得性方面出发，将金融资源界定为包括金融机构存贷款、证券交易额、保费收入以及对外直接投资的狭义金融资源。

二、金融资源的特征

金融作为一种重要的稀缺性的社会资源，也具有二重性，即一般资源属性（自然属性）和社会资源属性（特殊属性）。首先，金融资源的一般资源属性是金融本身所固有的、与生俱来的本质特征，是指作为战略性资源的金融资源和其他一切资源一样也具有有限性、开发性、贮藏性和有用性。金融资源有用性不难理解，但金融资源却不是可以面向所有社会成员开放的资源，这是由金融自身的特点即多层次要素构成的复合体决定的。金融资源的贮藏性是指金融资源累积和功能累积的一个过程，当这种累积达到一定程度时，便有了开发意义。金融资源的开发性，是指在价值贮藏量和当期客观需要量以及金融制度的适应程度决定下，所形成的当期对金融资源的开发以及对资源配置的数量。所谓金融资源的有限性，是由于金融资源即已经货币化的社会资财，其功能累积程度和量的累积程度与索取权的形成和分配都是以社会财富累积的规模和程度为限度而决定的。其次，金融资源还具有社会属性，是因为它还具有其他一般社会资源所不具备的以下三个属性。第一，金融资源具有中介性，作为连接经济和社会发展的桥梁，金融资源一头连着经济社会发展条件，另一头连着经济发展目标。第二，金融资源具有社会性，即金融资源会自动创造条件和环境，以更好地形成自身存量结构和制度创造，并且在金融资源的开发和配置过程中，金融资源更是离不开社会环境和条件的利用和维护。第三，金融资源具有层次性，按照大部分学者对金融资源属性的划分，可分为货币资源、资本资源、制度资源和商品资源四个层次。

三、金融资源的功能

金融资源功能就是金融对经济所产生的功效。对金融资源功能比较系统全面的概括是白钦先（1998），他认为金融可以促进经济发展，其作用机制主要是发挥金融体系的功能，并且金融资源功能可以按照递进逻辑分为四个层次。第一，基础功能，即服务功能和中介功能。服务功能主要是金融资源为经济正常运行提供相关便利，并且通过资金的融通服务于经济，比如解决物质交换需求、为投资消费提供保障、大宗商品跨地跨境交易等。中介功能主要指金融资源中金融机构为资金短缺者和资金富裕者搭建桥梁，实现资金融通，同时连接社会和经济两头。第二，核心功能，即资源配置。进行资源配置是金融作为一种特殊资源的属性所决定的。金融资源可以在资金供给方和资金需求方之间建立关系、调节资金流动方向。通过金融体系将社会闲散资金聚集起来，然后使资金流向效率更高的部门，实现资源合理配置。第三，扩展功能，即风险规避和经济调节。经济活动本身具有不确定性，风险自然随之产生。金融资源的风险规避功能是通过多数投资者共同承担风险，将风险分散化，如保单明确提供风险规避，股票和基金等在某种程度上也是分散风险的一种工具。经济调节主要是政府为确保经济稳定运行，通过货币政策、财政政策、产业政策等利用货币供应量、利率、税收等传导机制调节社会经济。第四，衍生功能，即财富分配、区域协调、引导消费和风险交易、信息传递、公司治理等。前者为宏观调节，后者为微观风险管理。宏观调节是金融资源在经济调节功能上的延伸，其操作手段和传导机制随着金融体制复杂化而改变。国家可以通过不同于货币政策和财政政策的途径进行调节经济，如2014年大力发展资本市场，通过股票市场融资降低社会融资成本，降低政府负债，解决社会筹资难问题。风险很大部分来自对信息掌握得不全或缺乏导致信息的不对称，从而改变投资者投资策略，降低了金融资源配置效率。而金融资源通过金融机构、金融市场等有效规避风险，比如通过期货交易规定未来交易价格，制定规范化合约合理规避未来风险；上市公司经营不善必然影响其股票价格的大幅波动，进而影响投资者交易策略。

第二节　京津冀金融资源配置现状

此处从实际可操作性和数据的可得性方面出发，将金融资源界定为包括金融机构存贷款、证券交易额、保费收入以及对外直接投资的狭义金融资源。

一、金融机构存贷款

存贷款总额不仅能反映出地区银行业的发展水平，也能够说明地区的金融资源总量。根据金融学的理论研究，存款可以创造出社会经济发展所需要的更多的流通中的货币，这就是基础存款的作用。因此，地区的存贷款额越多说明经济状况越好，金融资源总量越多，能够带来的经济发展的机会就越大。根据对比北京市、天津市和河北省的存贷款总额（见表5－1）来比较三地的金融资源总量配置的基本情况。

表5－1　　2011～2018年京、津、冀三地存款和贷款总额　　单位：亿元

年份	北京市		天津市		河北省	
	存款	贷款	存款	贷款	存款	贷款
2011	75001.9	39660.5	17586.91	15924.71	29563.8	18144.0
2012	84837.3	43189.5	20293.79	18396.81	34013.0	20850.9
2013	91660.5	47880.9	23316.56	20857.80	39221.3	23966.0
2014	100095.5	53650.6	24777.75	23223.42	43454.9	27593.8
2015	128573.0	58559.4	28149.37	25994.68	48550.9	32151.4
2016	138408.9	63739.4	30067.03	28754.04	55513.3	37352.2
2017	149086.0	69556.2	30940.81	31602.54	60033.0	42891.2
2018	157092.2	70483.7	30983.17	34084.90	65910.2	47744.1

资料来源：《北京市国民经济和社会发展统计公报》《天津市国民经济和社会发展统计公报》《河北省国民经济和社会发展统计公报》。

京、津、冀三地的存贷款额每年都有上升趋势。2011～2018年，北京市存款总量由75001.90亿元增长至157092.20亿元，翻了一倍；天津市存款总额由17586.91亿元增长至30983.17亿元，也将近翻了一倍；河北省的存款总额由29563.80亿元增长至65910.20亿元，翻了一倍多。

京津冀地区发展水平差距较大。可以看出北京市的存贷款额远高于天津市和河北省，同时天津市的存贷款额略高于河北省（见图5－1和图5－2）。结合常住人口来看，北京市人口还未达到河北省的1/3，但是北京市的存款额却能够达到河北省的2.5倍，由此可以看出北京市和河北省的金融资源配置的扭曲。河北省的人口是天津市人口的四倍之多，但是河北省的存款额是天津市的两倍，同时贷款额也基本持平。由此说明，与天津市相比，河北省

也是有差距的，但是没有与北京市的那样显著的差距。北京市的人口是天津市的1.5倍，存款额却达到天津市的5倍，由此可见北京市和天津市的差距也较为明显。总体从京、津、冀三地的金融资源配置情况来看，北京市优于天津市优于河北省。

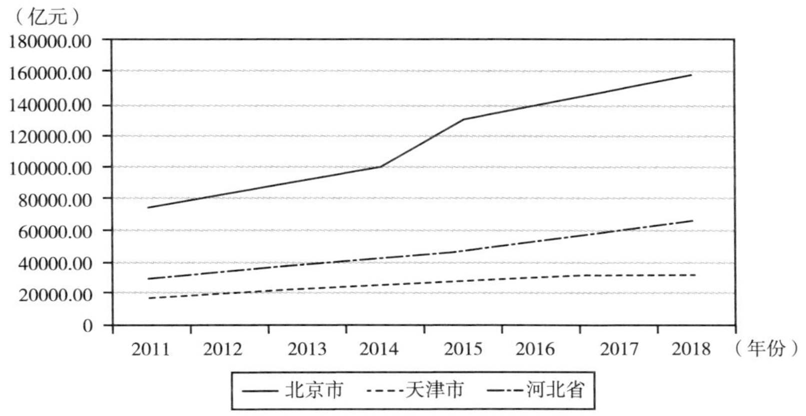

图5-1 2011~2018年京、津、冀三地存款总额比较

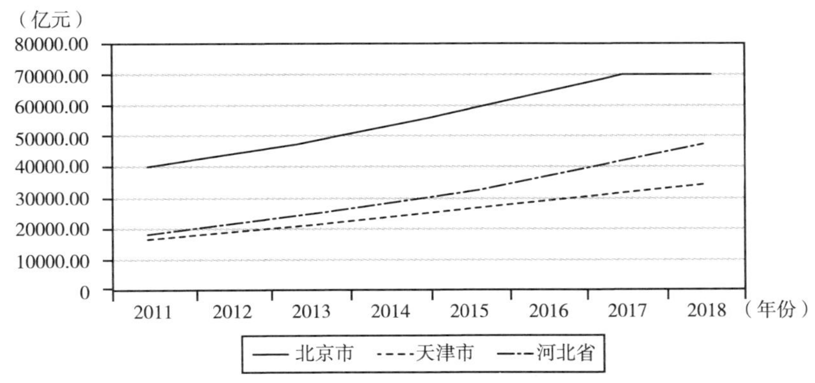

图5-2 2011~2018年京、津、冀三地贷款总额比较

二、证券交易额

证券交易额能够反映出一个地区金融市场的发展水平，而证券交易中各种金融产品的种类和占比也能够反映出金融市场的成熟度。证券交易额是一个地区金融资源至关重要的一部分，不仅能表现出一个地区的金融资源总量，还能够表现出一个地区的金融市场的发展方向。如果一个地区的证券交易额数量可观，而且种类较为齐全且占比合理，其中还不乏创新的证券品种，说明该地区的金融市场发展水平相当成熟。与长三角区域、粤港澳大湾区相比，京津冀金融市场发展水平还有待提高。

由于河北省关于证券交易额和股票交易额数据的缺失，所以只分析北京市和天津市。

如表 5 -2 所示，从证券交易额来看，2011 ~2015 年，北京市和天津市都在上涨，2016 年和 2017 年都有不同程度的下跌，但是在 2018 年北京市实现了成倍的上涨，而天津市仍然处于下跌的状态。

表 5 -2　　2011 ~2018 年北京市和天津市证券交易总额　　单位：亿元

年份	北京市		天津市	
	股票交易额	证券交易额	股票交易额	证券交易额
2011	61743. 2	79103. 1	11161. 17	12839. 36
2012	44993. 4	85412. 9	7751. 69	10743. 11
2013	61596. 3	145932. 7	10373. 49	16696. 40
2014	85714. 5	232318. 6	15573. 26	25400. 20
2015	305252. 9	597169. 7	51148. 59	67040. 06
2016	135890. 9	421962. 9	26160. 21	43811. 79
2017	115095. 3	446803. 8	22299. 66	43527. 96
2018	149887. 0	911465. 7	17661. 73	37183. 74

资料来源：《北京市国民经济和社会发展统计公报》《天津市国民经济和社会发展统计公报》《河北省国民经济和社会发展统计公报》。

北京市的人口规模相当于天津市的 1. 5 倍，但是无论是从证券交易额还是从股票交易额来看，北京市都是遥遥领先于天津市（见图 5 -3 和图 5 -4）。从证券交易额来看，2018 年，北京市的证券交易额是天津市的 24 倍；从股票交易额来看，北京市的股票交易额是天津市的 8 倍。由此可以看出，北京市的证券交易市场和金融市场的发展水平相比于天津市高了很多层次。

上述数据中既有股票交易额又有证券交易额，通过比较北京市和天津市股票交易额占证券交易额的比例，就可以分析出两地在证券交易中，是否是股票这种基础性的交易产品为证券交易所作出的贡献比较大，由此可以判断出两地证券交易的种类发展的成熟度。通过分析 2018 年的数据，可以出现，北京市的股票交易额占证券交易额的16.44%，而天津市的股票交易额占证券交易额的47.50%，由此可以看出，北京市的证券交易更多是依靠于其他非基础性的证券交易产品，而天津市的证券交易还仍然主要依靠于股票交易。说明北京市的证券交易产品的种类发展水平远高于天津市，北京市的金融市场发展水平高于天津市。

图5-3　北京市和天津市证券交易额比较

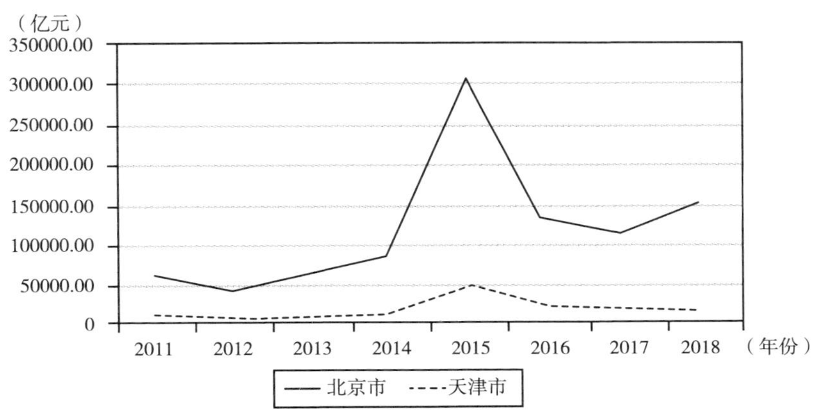

图5-4　北京市和天津市股票交易额比较

三、保费收入

保险业务在金融业中扮演着重要的角色，所以绝对不可被忽视，反而需要作为重点进行研究。我国的金融业主要是指银行业、保险业、证券业和信托业，保险业务在金融业中占有非常重要的地位。我国的保险业务起步较晚，发展状况较发达地区还是有较大的差距。研究京津冀的保费收入情况和保险业务种类发展状况，不仅能从一方面分析保险业的发展情况，还能从另一方面窥一斑而知全貌，了解地区的金融资源的配置状况。随着金融业的不断发展，人们对于保险业务要求越来越严格，对于保险业务的种类需求也很多。

如表 5－3 所示，北京市、天津市和河北省的保费收入都是逐年上涨的趋势，北京市和天津市的保费收入在 2018 年有个微小的下降，河北省的保费收入在 2017～2018 年的上涨幅度也是有放缓的迹象。这很有可能表明，无论是北京市、天津市还是河北省，其三地的保险业务都遇到了瓶颈期，北京市和天津市由于金融市场发展速度较快，首当其冲地面临保险业务转型升级的困难。

表 5－3　2011～2018 年京、津、冀三地保费收入　单位：亿元

年份	北京市	天津市	河北省
2011	820.9	211.74	732.9
2012	923.1	238.16	766.2
2013	994.4	276.80	837.6
2014	1207.2	317.75	931.9
2015	1403.9	398.34	1163.1
2016	1839.0	529.49	1495.3
2017	1973.2	565.01	1714.4
2018	1793.3	559.98	1790.6

资料来源：《北京市国民经济和社会发展统计公报》《天津市国民经济和社会发展统计公报》《河北省国民经济和社会发展统计公报》。

结合三地的人口，可以发现河北省的人口是北京市三倍多，但是河北省的保费收入却和北京市相当（见图 5－5），甚至在更多的年份还没有北京市多。同样，北京市的人口是天津市人口的 1.5 倍，但是北京市的保费收入却是天津市的 3～4 倍。河北省的人口相当于天津市的 5 倍，但是保费收入也只相当于天津市的 3 倍。所以综合起来，从保费收入来看保险业务的发展情况，北京市要优于天津市优于河北省。

此处我们可以选取保险密度和保险深度作为衡量地区保险发展水平的指标。

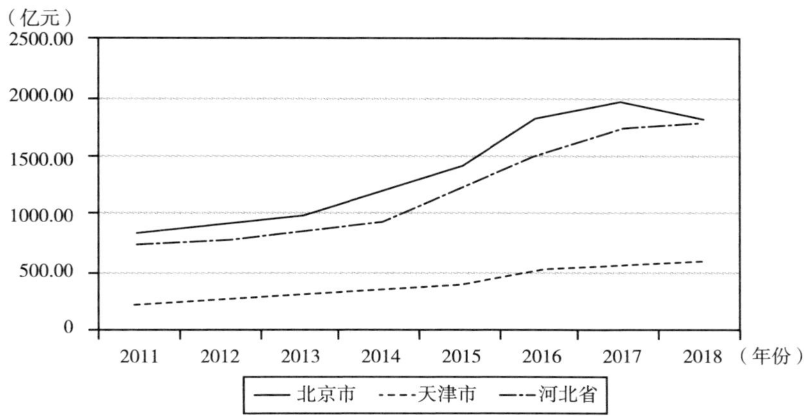

图 5－5　2011～2018 年京、津、冀三地保费收入比较

资料来源：根据京、津、冀银保监局网站数据整理而得。

保险密度是以一个地区的保费收入除以这个地区的人口数量而得出。2011～2018 年京津冀三地保险密度呈逐步加大态势，如图 5－6 所示，北京市保险密度大于天津市，河北省保险密度最小。

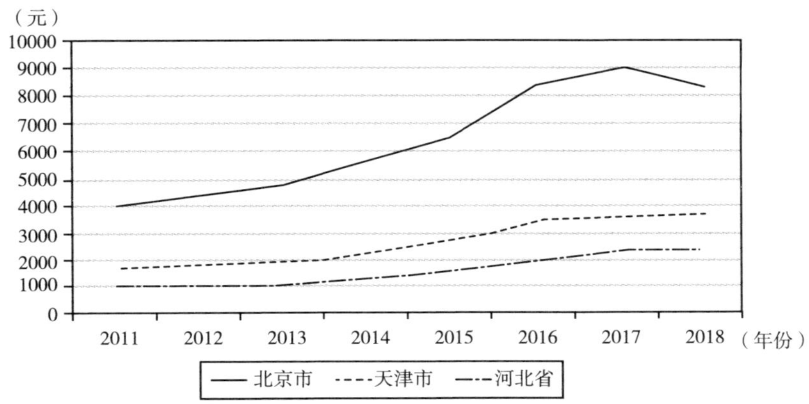

图 5－6　2011～2018 年京、津、冀三地保险密度（人均保费收入）变化情况

资料来源：根据京、津、冀银保监局网站数据整理而得。

保险深度是某一地区的保费收入除以该地国内生产总值（GDP）得到的比重，也是衡量保险发展力度的一个指标。如图 5－7 所示，2011～2018 年京津冀三地保险深度呈逐步增加态势，总体而言，北京市保险深度大于天津市，河北省保险深度最小。

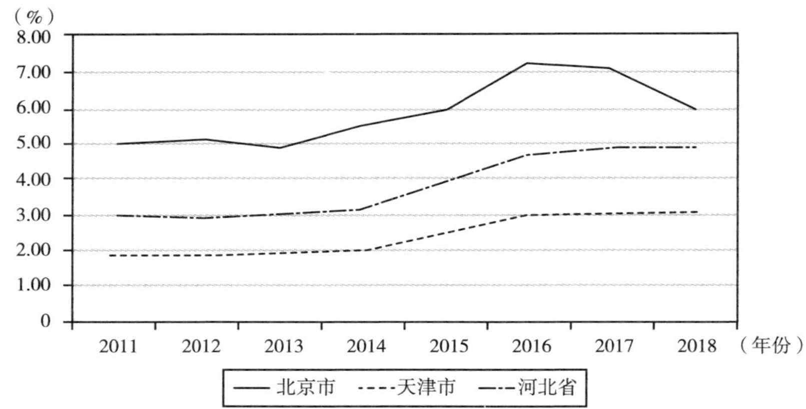

图 5-7 2011~2018 年京、津、冀三地保险深度变化情况

资料来源：根据京、津、冀银保监局网站数据整理而得。

四、实际利用外资

实际利用外资作为金融资源的重要组成部分，反映的是一国或者地区的对外开放程度，也是衡量经济增长的主要因素。京津冀作为我国核心战略规划之一，对外资具有独到的吸引作用，影响金融资源的配置，从而影响地区的经济和金融的发展。

如表 5-4 所示，北京市在 2017 年之前利用外资情况都是上涨的趋势，2018 年出现首次下降，实际利用外资 173.10 亿美元，比 2017 年下降了 28.89%；天津市在 2011~2015 年期间都是上涨，但是在 2016 年也出现首次下跌，下跌幅度达到 52.29%，虽然在 2017 年有小幅度上涨，但是在 2018 年又有大幅度的下跌，下跌幅度达到 54.75%，实际利用外资 48.51 亿美元，是历史最低值。河北省 2011~2018 年利用外资情况都是逐年上涨的趋势，到 2018 年达到 97.0 亿美元。

表 5-4 2011~2018 年京、津、冀三地利用外资情况 单位：亿美元

年份	北京市	天津市	河北省
2011	70.5	130.56	52.6
2012	80.4	150.16	60.3
2013	85.2	168.29	66.7

续表

年份	北京市	天津市	河北省
2014	90. 4	188. 67	70. 1
2015	130. 0	211. 34	73. 7
2016	130. 3	101. 00	81. 5
2017	243. 3	106. 08	89. 4
2018	173. 1	48. 51	97. 0

资料来源：《北京市国民经济和社会发展统计公报》《天津市国民经济和社会发展统计公报》《河北省国民经济和社会发展统计公报》。

通过观察图 5 -8 各年的数据，在实际利用外资额方面，北京市高于天津市高于河北省，除了在 2018 年，因为天津市的实际利用外资额出现大幅度下降，使天津市的实际利用外资额低于河北省，在其他各年均高于河北省。说明在引进外资的吸引力和能力方面，北京市优于天津市优于河北省。

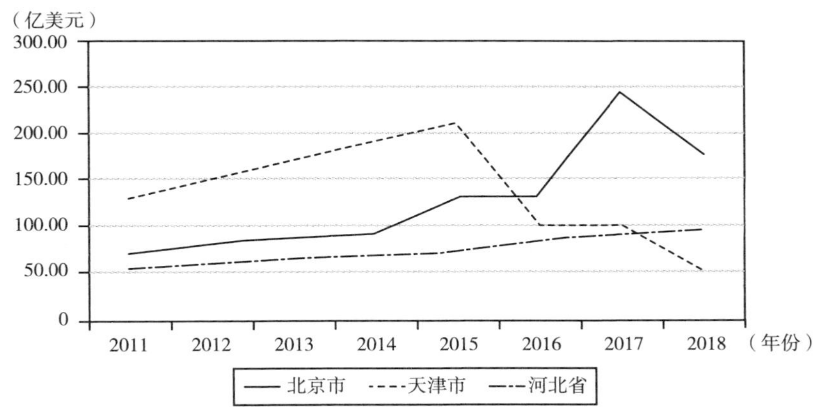

图 5 -8　2011 ~ 2018 年京、津、冀三地实际利用外资情况比较

第三节　京津冀金融资源配置情况测度

一、金融资源配置的效率

帕累托效率是一种最理想的资源最优配置状态，现实生活中并不存在，而且对于这一帕累托效率如何测算也是个难题。因此，为了科学合理地测算资源（包括金融资源）的配置效率，学者们主要采取以下两种方法。一是投入产出比值法。经济学上的“效率”主要是指投入和产出或者成本与收益之间的对比关系，即用最小投入得到最大产出。对于金融资源配置效率也可以用投入与产出的比来衡量。二是指标测算法。学者们习惯采用金融相关比率和货币化率指标的倒数作为金融资源配置效率。金融相关比率，是美国经济学家戈德史密斯提出的，即某一时点现存金融资产总额与国民财富之比，用来衡量一国金融资源货币化程度和金融发展水平。公式为：金融相关比率 = 金融资产总额/GDP。麦金农在戈德史密斯的基础上进行改进，用 M2 与 GDP 的比值来衡量一国经济金融化程度。因此，金融资源配置效率可以用金融相关比率和货币化率指标的倒数（GDP/M2）来衡量，其经济含义是单位货币供应量所推动的 GDP 产出水平；一般来说，金融相关比率和货币化率越高，表明金融资产配置效率越低。因此，笔者根据我国国情选取以下四个指标间接地反映一地区金融资源配置效率。

第一，金融相关比率(FIR = (D + L)/GDP)，D 为存款，L 为贷款。这是比戈德史密斯和麦金农所使用的金融相关比率（全部资产价值/GDP）更加狭窄的指标。由于他们使用的都是总量分析法，而我国缺乏地区金融资产和地区货币供应量等数据。此外，我国金融体系是机构主导型的，银行间接融资占主体地位。需要对戈德史密斯和麦金农提出的公式进行改进，可以用存贷款之和与国内生产总值的比值即(D + L)/GDP 来反映各地区金融发展或者金融化程度。

第二，贷款产出率（GDP/L）。它也是比较理想的金融资源配置效率，其经济含义是一单位贷款所能推动的 GDP 产出量。因为贷款在资产负债表的左方，距离实体经济更近，所以更能体现金融对经济增长的支持力度。

第三，存贷差（D - L）。该指标反映一地区贷款自给程度和金融资金的流失程度。该值越小说明地区的金融资金流失程度越小，金融资源利用越充分，即金融资源配置效率越高。

第四，存贷比（L/D）。它是一个相对数概念，存贷比率越高则金融资源利用越充分，金融资源配置效率也就越高。

二、金融相关比率

可以用存贷款之和与国内生产总值的比值即金融相关比率来反映各地区

金融发展或者金融化程度。反映的是金融上层结构与经济基础结构之间在规模上的变化关系，它大概可以被视为金融发展的一个基本特点。因为在一定的国民财富或国民生产总值的基础上，金融体系越发达，金融相关系数也越高，所以人们推断出，在经济发展的过程中，金融相关比率必然会逐步提高，而且可以根据金融相关比率来衡量金融发展。

如表 5 -5 所示，北京市、天津市和河北省的金融相关比率都是总体上呈现上涨的趋势，虽然在一些年份有些小幅的下跌，但是也能说明一单位国内生产总值带来的存贷款额大体上是增加的，表现出三地的银行业都是不断地稳定发展的趋势。

表 5 -5　　　2011 ~2018 年京、津、冀金融相关比率

年份	北京市	天津市	河北省
2011	6. 895783593	2. 963720718	1. 969102121
2012	6. 976899308	3. 000694903	2. 064492944
2013	6. 863783257	3. 058740438	2. 232656335
2014	7. 006261364	3. 052164027	2. 414881106
2015	7. 900648915	3. 273880032	2. 707576637
2016	7. 875161186	3. 288777600	2. 917738839
2017	7. 804496893	3. 371756395	2. 861867423
2018	7. 505801451	3. 459293745	3. 156160876

资料来源：《北京市国民经济和社会发展统计公报》《天津市国民经济和社会发展统计公报》《河北省国民经济和社会发展统计公报》。

2018 年，北京市的金融相关比率达到 7. 5，而天津市和河北省却只达到 3. 46 和 3. 16，北京市远远领先于天津市和河北省，天津市比河北省只有 0. 3 的领先优势。

三、贷款产出率

贷款产出率是贷款效益的主要指标，它反映的是贷款所产生的经济效益水平。其经济含义是一单位贷款所能推动的 GDP 产出量。贷款产出率越高，则越要鼓励当地银行、企业和居民利用贷款业务，创造更多的经济量，促进经济的发展。

如表 5 -6 所示，北京市的贷款产出率近八年一直稳定在 0. 4 左右；而天津市的贷款产出率一直在下降，从2011年的0.71下降到2018年的0.55；河北省和天津市一样，2011~2018年，贷款产出率一直在下降，从1.34下降到0.75。

表5-6　2011~2018年京、津、冀贷款产出率

年份	北京市	天津市	河北省
2011	0.419255935	0.710046211	1.335328483
2012	0.424874101	0.700875858	1.27452532
2013	0.424597282	0.692403322	1.180897939
2014	0.409018725	0.677201291	1.066225022
2015	0.404473065	0.63621441	0.927054498
2016	0.402719511	0.622013115	0.85210242
2017	0.402766396	0.586952504	0.838493677
2018	0.43017038	0.551846712	0.754235602

资料来源：《北京市国民经济和社会发展统计公报》《天津市国民经济和社会发展统计公报》《河北省国民经济和社会发展统计公报》。

从2018年的统计数据可以看出，北京市一单位贷款拉动的GDP是0.43元，天津市是0.55元，而河北省是0.75元。从数据可以看出，贷款给河北省GDP贡献率较高，其次是天津市，最后是北京市。因此，河北省要想拉动经济的快速增长，创造更多的GDP，则应该多发展贷款业务，积极地鼓励当地的企业和居民通过贷款业务发展经济。

四、存贷差

存贷差指的是存款与贷款之间的差额。如某银行存款为10亿元，贷款为8亿元，则存贷差为2亿元。银行可以是单个的银行，也可以是集合的银行，就集合的银行来看，也就是如果把全国的银行看作一家银行，在不考虑黄金和外汇的情况下，银行的贷款永远等于银行的存款加流通中的现金，在这种情况下，银行体系是永远不会存在存贷差的。存贷差的不断增大，表明存款资金资源中有一部分没有实现优化配置，造成了地区资金浪费或流失。要充分发挥货币政策的调控引导作用，构建高效的信贷资金供求衔接机制，从而更好地发挥资金有效配置的作用，提高全社会的资金使用效率，更好地支持国民经济快速发展。

如表5－7所示，北京市的存贷差不断增长，从2011年的35341.4亿元增长至2018年的86608.5亿元。河北省的存贷差也一直稳定上升，除了在2017年有略微的下降，2018年存贷差达到了18166.1亿元。天津市的存贷差在2016年及其之前都是正数，保持在1300亿～2500亿元，而在2017年和2018年，存贷差变为负数，分别是－661.73亿元和－3101.73亿元。

表5－7　2011～2018年京、津、冀存贷差　单位：亿元

年份	北京市	天津市	河北省
2011	35341.4	1662.20	11419.8
2012	41647.8	1896.98	13162.1
2013	43779.6	2458.76	15255.3
2014	46444.9	1554.33	15861.1
2015	70013.6	2154.69	16399.5
2016	74669.5	1312.99	18161.1
2017	79529.8	－661.73	17141.8
2018	86608.5	－3101.73	18166.1

资料来源：《北京市国民经济和社会发展统计公报》《天津市国民经济和社会发展统计公报》《河北省国民经济和社会发展统计公报》。

从2018年的数据来看，北京市的存贷款差大于河北省和天津市。说明北京市的存款利用率较低，资金流失严重；河北省比北京市的情况好，但也存在存款利用率较低的现象；天津市虽然存贷差达到了负数，但如果贷款不能及时合理地收回，则会产生不良的影响和风险。

五、存贷比

银行存贷比是指银行贷款总额/存款总额，从银行盈利的角度讲，存贷比越高越好，因为存款是要付息的，即所谓的资金成本，如果一家银行的存款很多，贷款很少，就意味着它成本高，而收入少，银行的盈利能力就较差。因商业银行是以盈利为目的的，它就会设法提高存贷比例。从银行抵抗风险的角度讲，存贷比例不宜过高，因为银行还要应付广大客户日常现金支取和日常结算，这就需要银行留有一定的库存现金和存款准备金（就是银行在央行或商业银行的存款），如存贷比过高，这部分资金就会不足，会导致银行的支付危机，如支付危机扩散，有可能导致金融危机，对地区或国家经济的

危害极大。

如表5-8所示，北京市的存贷比一直是稳中有降，从2011年的0.53降低到2018年的0.45。相比起来，天津市和河北省都是稳中有升。天津市从2011年的0.91升至2018年的1.10，河北省从0.61升至0.72。

表5-8　　2011~2018年京、津、冀存贷比

年份	北京市	天津市	河北省
2011	0.528793271	0.905486524	0.613723540
2012	0.509086216	0.906524114	0.613027372
2013	0.522372232	0.894548767	0.611045529
2014	0.535994126	0.937269122	0.634998585
2015	0.455456433	0.923455125	0.662220474
2016	0.460515184	0.956331237	0.672851371
2017	0.466550850	1.021386964	0.714460380
2018	0.448677274	1.100110157	0.724381052

资料来源：《北京市国民经济和社会发展统计公报》《天津市国民经济和社会发展统计公报》《河北省国民经济和社会发展统计公报》。

从2018年的数据来看，天津市存贷比大于河北省大于北京市，天津市的存贷比甚至超过了1。说明天津市银行的盈利能力优于河北省，河北省优于北京市，但是天津市的存贷比超过了1，这时就要注意防范风险和危机。

第四节　影响金融资源配置效率的因素

一、地区经济发展水平

较大的经济规模可以给地区内的金融机构提供更多的金融资源，也为金融机构提供更多的有较好收益的投资机会从而提高金融资源配置的效率。再者，经济规模的扩大增加了金融中介机构的数量及其经营规模，进而提升金融机构的从业人员数量和专业化水平，推动了金融业务的扩展，扩大金融规模。金融规模的扩大促使对金融部门提出更高的要求和约束，进而增强其运营管理水平。随着市场上金融交易规模的扩大，金融交易技术得到改善，那么其交易的单位成本会得到降低，最终提高资金的流动性和投融资效率。

二、政府干预程度和金融市场化程度

目前，我国国有经济投资中占有绝大多数金融资源，这样容易造成货币政策调控时出现过激现象，而我国现有经济过度依赖于信贷投放情况，信贷投放反过来又依赖于货币政策的宽松程度。在这样循环的作用下，紧缩货币政策反过来又会造成物价和资产价格上涨，容易积累泡沫。政府过度的干预，使政府占有大量的金融资源，必然会对效率相对较高的私人部门产生“挤出效益”，进而降低金融资源配置效率。减少政府干预，实行金融市场化，则有助于对金融资源的配置。主要体现在以下三个方面：一是通过影响储蓄而改变储蓄率，金融市场化可以将社会闲置资金充分吸收进来以改变资本积累方式，地区经济金融化程度的提高可以减少原有资本积累方式对社会资本的无效占用进而促进实体经济的增长。二是提高储蓄投资转化率，储蓄投资转化率越高则金融资源使用效率越高。同时，金融市场化可以改变金融抑制减少金融寻租、改善投资结构进而提高资金使用效率。三是利率市场化产生的收入效应同时会抑制储蓄的增加，因为获得等量的利息收入所依赖的储蓄也会因利率的提高而减少，导致储蓄不能有效转化为投资。

三、金融生态环境状况

金融资源的配置是金融服务于社会经济的最主要的核心功能，是金融生态环境各要素之间能够相互连接的枢纽，其配置效率直接决定着金融自身的活力以及金融生态环境系统的平衡状况。而金融生态环境，包括经济基础、金融发展、制度与诚信文化、金融部门的独立性、法制环境状况以及地方债务对金融稳定的影响等，这些都会对金融资源的配置效率产生重大的影响。尤其是金融生态中的信用环境、银企环境等直接影响到金融机构的信贷质量，信贷质量的好坏则会直接影响金融资源的收益率。此外，如果地区的金融生态环境不好，则会影响其金融资源收益率，导致金融资源外流，降低金融资源配置效率。

第六章　京津冀金融生态协同创新中存在的问题

随着京津冀协同发展上升为国家战略，良好的政策环境增强了推进金融协同创新的主动性和自觉性，京津冀三地金融合作进程由此加快。但是，京津冀金融生态协同创新中存在的问题也不容忽视。

第一节　京津冀金融生态协同创新面临的困难

实现京津冀金融生态协同发展存在四大困难：一是京津冀金融发展水平相差较大；二是地方利益导致区域金融分割；三是金融联动协调机制尚未建立；四是京津冀金融机构利益驱动不足。

一、京津冀金融发展水平相差较大

由对京津冀金融资源的分析来看，京津冀两市一省的金融发展呈不平衡、不协调的态势。从金融资源的分布来看，北京市拥有丰富的存贷款资源和优越的证券市场融资条件；天津市的存贷款资源总额较北京市较低，但保持着与北京市相当的存贷款总额增长率，且实际利用外资已成为天津市金融资源的重要组成部分；河北省在直接融资市场和间接融资市场中金融资源分布与天津市相差不大。从金融资源的流通渠道来看，北京作为全国最大的资金集散地，能够快速有效地实现资金的配置，而天津和河北两地的资金流通规模与北京差距悬殊。

二、地方利益导致区域金融分割

由于金融市场的区域分割，京津冀三地一直存在金融竞争大于金融合作的问题，尤其是同为直辖市的北京市和天津市，两地都曾有打造北方金融中心的计划，争夺金融主导权和控制权的同时也造成了金融资源的分布不均，为金融资源的自由流动、金融产业的合理布局及京津冀金融生态协同创新发展制造了障碍。2015 年 4 月，中共中央政治局审议通过的《京津冀协同发展规划纲要》明确了京津冀两市一省的功能定位，并将实现环保一体化、交通一体化和产业一体化作为京津冀协同发展的优先突破口。对于金融生态协同创新，除了天津作为金融创新运营示范区的总体定位外，尚未有与各地功能定位相配套的金融发展规划出台，区域金融合作竞争机制还未制定，京津冀三地在区域金融发展中的定位、目标和任务还不清晰。

三、金融联动协调机制尚未建立

京津冀金融监管机构的联动协调是金融业合作和交流的前提，在我国现行“一行三会”的金融监管模式下，京津冀金融联动协调机制尚未建立。从中国人民银行的分支机构设置来看，北京市属于中国人民银行北京营业管理部辖区，而天津市和河北省属于中国人民银行天津分行辖区，不同辖区之间金融信息共享平台的缺失将给企业跨地区资金借贷造成困难，金融资源自由流动难度由此增大。与此同时，证监会和银保监会分别在京津冀两市一省设有派出机构，并没有就实现银行市场一体化、证券市场一体化和保险市场的一体化制定相关合作政策。京津冀三地一体化的监管体制还未形成，区域行政壁垒和市场分割的现象依然存在。

四、京津冀金融机构利益驱动不足

商业银行、证券公司和保险公司等金融机构是金融市场的重要主体，也是京津冀金融生态协同创新的运作主体。与政府制定京津冀金融生态协同创新的目标不同，金融机构的经营目标是实现利润最大化，因此，基于京津冀三地功能定位的金融政策实施起来并不容易。对于不符合城市定位但盈利能力较强的企业，政府如何引导才能实现有效疏解，一般来说，金融政策对金融机构的利益驱动越强，金融机构参与金融生态协同创新的积极性和主动性越高。京津冀金融生态协同创新既是金融资源整合的过程，也是利益磨合的过程，因此，只有建立合理的利益驱动机制，才能实现互利共赢。

第二节　推进京津冀金融协同创新

实现京津冀协同发展意义重大，推进京津冀金融生态协同创新也刻不容缓。对于长期以来发展缓慢的京津冀金融生态，要想有实质性的发展，首先，要统一思想，制定具有可行性的发展规划，找准京津冀各自定位；其次，在此基础上，建立有利于金融业生存和发展的金融生态环境；最后，要结合京津冀三地的自身情况，打破传统思维模式，创造性地提出适合金融生态协同创新发展的建议。因此，本章将从制定发展规划、加强生态建设、鼓励创新发展三个方面进行阐述。

一、制定科学合理的京津冀金融生态协同发展规划

为了实现京津冀金融生态协同发展，首先，要加强顶层设计，制定详细的发展目标、找准各自功能定位；其次，在制定发展规划的过程中，要考虑到金融服务观和金融风险控制的重要性。

（一）合理分工定位以充分发挥比较优势

推进京津冀金融生态协同创新，重点在于京津冀三地找准功能定位，以发挥各自化较优势。对于比较优势的发挥，我们可以理解为针对三地金融资源发展情况制定不同的工作重点，以实现金融资源在三地自由流动和高效配置的目标。具体来说，北京市作为中国的首都、全国的政治中心，在京津冀金融生态协同创新进程中也应该充当决策中心和管理中心的角色；天津市作为港口城市、北方经济中心和北方国际航运中心，拥有相对发达的第二产业，应将产业金融放在重点位置；河北省作为京津冀的成员之一，应与京津两地的金融业务实现有效对接，为北京市和天津市的金融发展提供强有力的后台支持。这样的合理定位，使北京市拥有对重大金融项目的

决定权，通过大方向的指引更好地实现对天津市和河北省的金融辐射，也使北京市丰富的金融资源得到有效配置；天津市则将自身优势发挥到最大，通过第二产业的金融创新和发展，实现金融对实体经济的有效支持；河北省通过接受北京市和天津市的金融辐射，促进自身金融业发展，缩小与北京市和天津市的差距。

（二）将金融服务观作为京津冀金融生态协同发展的理论指针

制定京津冀金融生态协同创新的发展规划时，要始终将金融服务观作为金融发展的理论指针。金融作为服务行业，其本质是要给金融市场提供优质的服务，所以金融服务观贯穿金融发展的始终其实是还原了金融本来的面目。在制定京津冀金融生态协同发展规划时，要以金融服务质量作为衡量金融生态协同发展的重要指标，只有提高了金融服务质量，才能提高金融服务效率，从而提高金融服务满意度，发挥金融服务应有的功能。要想提高金融服务质量，就要将金融工作与实体经济结构调整相匹配，通过金融资源的整合和创新，降低资金运营成本，提高经济运行质量，用金融体系的先导作用为最终实现京津冀经济协同发展贡献力量。

（三）构建区域金融风险防范体系

实现京津冀金融生态协同创新意味着金融资源在京津冀两市一省间实现自由流动，这会给金融市场带来监管方面的难题，也就意味着金融市场的风险可能因此而增大。构建京津冀区域金融风险防范体系的目的无疑是让金融监管部门更加全面具体地了解影响金融市场安全的各项因素，做到有的放矢。

区域金融风险不同于传统的宏观金融风险和微观金融风险，准确地说，它是一种中观层面的金融风险。宏观金融风险主要是指由利率、汇率和政治等因素引发的整体金融风险；微观金融风险主要是由经营、信用和流动性等因素引发的个体金融风险；区域金融风险既与二者不同，又同时具有二者的特征，它是指微观个体通过向区域内紧密联系的其他个体传播，从而使整个区域金融系统都面临的金融风险。与传统的金融风险不同的是，区域金融风险表现出较明显的区域特色，所以在构建京津冀区域金融风险防范体系时，要充分考虑到京津冀两市一省经济发展水平和金融资源分布不平衡的状况。

二、加强京津冀金融生态建设

区域金融生态环境与经济发展有着十分紧密的联系，加强京津冀金融生态建设，就要考虑影响京津冀金融机构和市场生存发展的各项因素，这些因素包括但不限于法律法规制度、行政管理体制和金融服务体系。本节将从完善京津冀金融生态法规制度、建立京津冀金融生态协同创新协调机制、建设京津冀金融生态协同创新互联互通体系三个方面进行阐述。

（一）完善京津冀金融生态法规制度

在京津冀金融生态环境的众多要素中，法律法规制度是决定区域金融生态环境优劣的最重要要素之一，可以说，科学合理的法律法规是保证区域金融市场有序进行的前提条件。要推动京津冀金融生态协同创新，保证金融市场有序和稳定，就要完善法律法规制度，共同探讨制定适用于京津冀金融生态发展的法律法规制度。如，对于长期存在的地方保护主义问题，可制定反地方保护主义法，弱化京津冀三地的行政区域概念，为金融资源的自由流动扫除障碍。有了科学合理的法律法规制度，一旦在京津冀金融生态协同进程中出现矛盾和分歧，就可依靠法律做出相对公正公平的判断，从而维护区域金融生态环境的稳定。

（二）建立京津冀金融生态协同创新协调机制

协调机制是在沟通机制的基础上建立起来的，对于京津冀金融生态协同创新协调机制的建立，要首先搭建各地政府、各地金融监管机构和各地金融机构间的沟通平台，通过表达意愿和有效沟通，最终提出适合京津冀金融生态协同创新发展的协调机制。对于各地政府间的联动协调，可由各地政府派出负责人与其他政府进行定期会议沟通，通过交换意见和平等协商，对京津冀金融生态协同创新进程中的重大事项做出决定。此外，各地金融监管机构的联动协调是京津冀金融业的合作交流的前提，在我国现行“一行三会”的金融监管模式下，为实现银行市场、证券市场和保险市场的一体化，可由京津冀三地银保监局、证监局签订银行业合作协议、保险业合作协议和证券业合作协议，通过会议交流协商，共同制定关于本行业的各项政策。对于各地金融机构间的联动协调，可以借鉴长三角地区的经验，即金融机构在京津冀两市一省统一金融服务的内容和形式，从而提高客户对金融服务的满意度，加快京津冀金融生态协同创新进程。

（三）建设京津冀金融生态协同创新互联互通体系

实现京津冀协同发展，除了要实现交通上的互联互通，也要实现金融上的互联互通。具体来看，金融资源要想在京津冀三地实现无障碍流通，就要借助金融信息共享体系、信用体系和支付清算体系。建立金融信息共享体系，首先要统一数据信息的统计口径和标准，以便数据在京津冀三地具有较强的可比性；其次提供获取金融信息的渠道，即信息共享平台，通过大力宣传金融信息共享平台的使用方法，保障金融机构异地业务的顺利开展。建立信用体系，就是将京津冀三地社会主体的信用信息进行整合，通过对其信用等级的评判，起到警示社会主体信用风险的作用，从而提高京津冀区域内资金流动的安全性。建立支付清算体系，就是在京津冀区域内实现异地资金清算，扫除京津冀区域内资金流动的一大障碍，大大提高资金流通速度。

三、鼓励京津冀金融生态协同创新

京津冀作为中国最具经济活力的地区之一，要想成为金融协同发展的示范和表率，就要借助创新的力量，与时俱进。以互联网技术为依托，建立京津冀金融协同平台；同时组建各项金融联合体，保证在线上和线下同时实现金融生态协同创新，并且，随着天津自由贸易试验区（以下简称自贸区）的正式挂牌，京津冀可以将金融生态协同的目标与自贸区的发展相结合，摸索出具有京津冀特色的发展道路。

（一）组建京津冀金融联合体

对京津冀金融联合体的组建，可以从金融公共政策联合体和创新金融机构联合体两个方面来阐述。从金融公共政策联合体方面看，首先，京津冀三地应联合组建金融发展研究院，它将致力于京津冀金融生态协同创新政策方面的研究制定，通过汇聚各地专家学者的真知灼见，打造京津冀区域金融发展的专属智库，为京津冀金融生态协同创新发展提供理论指引；其次，京津冀三地应联合组建金融政策联动机构，通过取消歧视性政策，打破三地金融壁垒，实现金融服务的平等性和跨区域性，促进金融资源流动，加快京津冀金融生态协同创新的进程；最后，京津冀三地应联合组建金融规划体系，吸取京津冀区域金融发展缓慢的经验教训，从认识和观念上开始统一，制定适合京津冀大格局发展的中长期规划。从创新金融机构联合体方面看，首先，京津冀三地可以在国家允许的前提下，共同出资建立京津冀投资银行，投资银行是金融体系的重要组成部分，通过服务于资本市场，优化金融资源配置，促进京津冀金融生态协同创新市场的形成；其次，同样在国家允许的前提下共同出资建立京津冀进出口银行，通过吸引外资，丰富金融资源，更好地支持实体经济的发展；最后，发挥民间资本对金融市场的重要作用，通过建立民间资本服务中心，将大量民间资本引入合规的流通渠道，从而更好地支持实体经济和京津冀金融生态协同创新。

（二）以互联网为依托建立京津冀金融协同创新平台

实现京津冀金融协同创新，最简单直接的方法就是以互联网技术为基础，建立专属于京津冀三地的金融平台，优先实现线上金融生态协同创新。金融协同创新平台首先要对金融机构和企业两大主体进行整合，即将京津冀两市一省所有金融机构的详细信息都挂在平台上，然后列出所有企业尤其是需要贷款融资的企业名单，这样，通过该平台就能实现资金供给方和资金需求方的有效对接，快速便捷地实现金融资源的最优配置。金融协同创新平台可由京津冀两市一省政府协商建立，通过向加入该平台的金融机构和企业收取一定的手续费维持日常运营，当然，该平台只负责审核金融机构和企业资格的真实性，不承担由交易产生的金融风险。

（三）设立京津冀金融生态协同创新示范区（试点）

1. 借天津自贸区推动京津冀金融生态协同创新

设立天津自由贸易试验区和推进京津冀协同发展是紧密联系的两大国家战略，可以说，天津自由贸易试验区不仅是位于天津的自贸区，更是服务于京津冀协同发展的自贸区。天津自贸区可先试先行金融改革的新成果，通过分享成功经验，向京津冀地区辐射和扩散，加速金融要素和资源在区域内流动。天津自贸区作为中国北方首个自贸区，是推进京津冀协同发展的重要举措。京津冀金融生态协同创新可借自贸区的发展深化金融体制改革，培育新型的金融市场。具体来看，可将天津自贸区作为大额可转让存单和人民币资本项目可兑换的优先试点，鼓励人民币跨境使用，提高资金流通的自由化和融资的便利化；也可将京津冀两市一省的新型金融市场如产权交易市场和碳排放权交易市场在自贸区内实现合作，通过探索与京津冀金融生态协同发展相适应的产品创新，实现金融资源在京津冀区域内的最优配置。

2. 将雄安新区作为地区金融发展的新平台

雄安新区作为北京金融机构的承接地，必然会给河北周边区域带来金融大发展的契机和战略机遇。虽然河北省金融发展一直处于相对落后状态，很难在短期内满足高水平的金融发展要求，但可以通过雄安新区的建设，加强北京、天津、石家庄、保定等城市的金融协同发展，实现各方在金融功能上的有效区分、错位发展，带动金融产品创新、金融服务提升、金融基础设施建设改善、金融市场一体化发展以及金融人才的引进和培养。雄安新区实质上更应该成为引领和激励河北省以及整个京津冀区域金融市场和金融制度等软环境彻底改革和提升的示范区。

第七章　金融支持产业升级成功经验及借鉴

产业升级离不开相关财政、金融政策的引导和支持。单纯依靠市场力量对落后产能进行淘汰会受到复杂的主体利益的制约；单纯依靠市场力量对不合理的产业结构进行优化需要漫长的时滞。根据发达国家产业升级经验的总结，中央政府和地方政府的相关政策引导和支持无疑会发挥巨大作用。

20 世纪 90 年代美国的技术创新、产业升级在相关财政、金融政策支持下实现快速增长。美国商务部确定的 10 类高技术产业——生物技术、生命科学、光电技术、计算机及通信技术、电子技术、计算机集成制造技术、材料设计技术等都获得了精准的相关政策支持，这些产业在发展过程中，行业投资增长率超过 10%，其中软件及信息技术设备总投资的增长率超过 12%，产业升级效果显著。日本在经济发展过程中，无论是战后经济复兴时期“倾斜生产型”产业政策、高速增长时期“出口导向型”产业政策还是经济腾飞后极具竞争力的高精尖产业，都离不开相关财政、金融政策的支持。德国通过财政、金融政策的引导，大力推动大型企业技术创新，高技术制造产业成为世界一流产业。明晰财政、金融政策的宏观指导和微观支持，是促进产业升级的重要措施。

梳理和总结发达国家金融支持产业升级的具体情况，有利于激活顶层设计活力，加强金融对于产业的支持作用，深化产融结合机制，把金融支持产业升级的相关政策落实到具体区域，具体省、市和具体企业，充分调动金融生态资源配置功能。京津冀区域的产业升级还可以借鉴长三角区域、粤港澳大湾区金融支持产业升级的具体经验（包括成功之处和不足之处），释放金融生态协同创新的后发优势。

第一节　发达国家金融支持产业升级具体情况

随着经济发展理论分析工具的日益完善，在经济学家们的不懈努力之下，产业结构演变的趋势已被基本挖掘出来，即在商品经济的发展过程中，依次产生了第一产业、第二产业和第三产业；三次产业结构转变首先由农业转向工业，即工业化过程，而这个过程，又被细分为三个阶段——重工业化、高加工化和技术集约化。随后，世界经济产业结构朝着经济知识化和知识经济化的一体化方向发展，进而取代工业化过程。

世界产业结构调整升级总趋势的主要表现可以归纳为以下四个方面。

第一，产业结构越来越轻型化，即技术密集型产业在产业结构中所占比重越来越大，劳动密集型产业所占比重不断下降。

第二，信息产业等一批高新技术产业成为新的经济增长点，并对传统产业产生极强的改造作用。

第三，产业升级、产业结构调整周期缩短。20 世纪 90 年代后，信息产业的高速发展，尤其是以通信和网络技术、微电子和计算机技术为代表的信息技术日新月异，使各国产业升级加快，国际产业转移进程加速，世界范围内产业结构调整升级的周期缩短。

第四，跨国公司成为产业结构调整升级的主力。跨国公司之间的“强强联合”，对于产业内和产业间的优势互补、规模效益、技术创新等都正在产生深远的影响。

一、美国金融支持产业升级

（一）美国产业升级的重点

二战后，美国主要经历了两次大的产业结构调整，第一次发生于 20 世纪 70～80 年代，第二次发生于 2008 年金融危机之后，而这两次产业结构调整均是在经济实力相对下降的背景下展开的。从经济长期增长的角度来看，依靠消费已经不能带动美国经济增长，银行业风险控制要求愈发严格，进一步限制了信用杠杆对消费的推动能力。因此，对于美国来说，经济增长必须回归到依靠制造业发展上来。

（二）美国金融支持产业结构转型升级的经验

1. 多层次的资本市场体系

在产业结构转型升级过程中，美国以资本市场为中心，辅以灵活的银行信贷体系，形成政府组织和非政府组织相结合的金融支持体系。美国资本市场高度发达，从风险层次结构来看，股票市场呈标准的“正三角”结构，底层的三板市场挂牌公司数量超过全部上市公司总数的66%。此外，美国资本市场的转板机制也值得借鉴，上市公司不仅可以从场外交易（OTC）市场升板到美国电子柜台交易系统（OTCBB）市场，也可以从OTCBB市场借壳升级到纳斯达克（NASDAQ）全国市场甚至美国证券交易所（AMEX）市场和纽约证券交易所（NYSE）市场。

2. 利用风险投资发展战略性新兴产业

风险投资产生于美国，在将科技资源成功地转化为生产力方面创造了巨大的价值。一方面，风险投资有提供资金、风险分担和加速高科技产业化进程的作用；另一方面，风险投资促进了产业集群的形成。高新技术产业在发展过程中对生产要素具有专业化要求，会在产业内形成新的产业链，当技术以网络形式扩散后，先进技术在产业间不断传播，也有利于传统产业的改造升级。普华永道（PWC）和美国风险投资协会（NVCA）发布的报告显示，美国风险投资从2018年第一季度的228亿美元增加到2019年第一季度的246亿美元。旧金山湾区在2019年第一季度筹集的资金最多，风险投资交易达到236笔，总额71亿美元。纽约地区以45亿美元紧随其后，硅谷以43亿美元位列第三。2020年第一季度是旧金山湾区在单季风险投资交易数量上连续第八次超过硅谷。越来越多的风险投资公司开始在旧金山湾区开设办事处，很多知名科技风险投资公司甚至将总部迁至旧金山，以便更接近不断增长的创业者群体。目前，美国排名前五的独角兽公司中有四家的总部都设在旧金山。2020年第一季度美国最大的六笔风险投资交易中，有两笔都涉及总部位于旧金山的初创企业，分别是旧金山湾区的网络软件服务公司飞协博（Flexport）以及自动驾驶公司Nuro，前者获得融资10亿美元，而后者的单笔融资也达到了9.4亿美元。风险投资回归繁荣的趋势和美国“再工业化”战略基本同步发展。

3. 运用多种手段为中小企业融资

（1）为中小企业提供贷款担保。为解决中小企业信用等级较低的问题，美国依靠政府信用，通过小企业管理局（SBA）建立起良好的贷款担保机制。7（a）贷款计划是由SBA提供的最基本的贷款担保计划，贷款风险由金融机构和SBA共同承担。504贷款计划主要为小企业购买设备与房地产提供贷款，针对不同的贷款计划设计了不同的担保上限，从 150 万 ~ 400 万美元不等。微型贷款担保计划是通过非营利社区组织向成长型小企业提供担保额度上限为 5 万美元的小额短期贷款计划。

（2）互联网金融提供了贷款新途径。在线贷款平台与中小企业对资金的需求以及金融机构和社会游资对高收益的追求相匹配。传统银行贷款年利率一般为 5% ~7%，但由于抵押价值、企业规模、存续期和贷款风险不同，在线贷款平台年贷款利率基本可以达到 30% ~ 120%。根据运营模式不同，在线贷款平台主要可以分为三种：一是通过考察资产负债表来发放贷款的模式；二是负责为贷款方和借款方提供交易途径的模式；三是通过多种途径为资质好的个人借款人和个人投资者之间提供交易途径的模式，即 P2P 模式。

二、日本金融支持产业升级

第二次世界大战以后，日本经济一片狼藉，为恢复并刺激经济发展，促进产业结构升级，日本采取了一系列金融政策和措施。经过短暂恢复，日本经济很快进入了高速增长期，直到第一次石油危机后，经济增速放缓，但 20 世纪 70 年代中期后日本就已奠定了其经济大国的地位，步入了发达国家行列。作为一个后起的、政府主导的赶超型国家，金融在日本经济发展、产业结构升级的过程中起了举世瞩目的作用。

（一）日本金融支持产业升级的具体举措

从经济发展的历史来看，战后日本经济发展主要经历了四个阶段：战后恢复期（1945 ~ 1955 年）为第一阶段；经济高速发展时期（1956 年 ~ 20 世纪 70 年代初）为第二阶段；经济低速稳定增长时期（20 世纪 70 年代初 ~ 80 年代中后期）为第三阶段；泡沫破灭后经济停滞及调整时期（20 世纪 80 年代中后期以后）为第四阶段。

1. 经济恢复期（1945 ~ 1955 年）：劳动密集型产业为主导

1945 ~ 1955 年，日本政府通过一系列产业政策的推行，逐渐由战争时期以军事重工业为主的产业结构转向以轻工业和农业为主的产业结构。此期间，日本的产业结构变化主要体现在两大方面：一是工矿业迅速恢复；二是农业快速发展。在这个时期，日本的金融政策主要从限制贷款和资金分配两方面对产业结构调整升级进行了强有力的支持。1947 年 1 月，为促进东京和地方的资金交流，日本银行专门成立了融资斡旋委员会，并于同年 8 月将其改组成为营业局内的融资斡旋部，以更好更有重点地分配产业资金，从而促进产业恢复发展和转型升级。此外，日本银行在重开贸易的背景下创建了“贸易印戳票据制度”，只有通过其审查并打上印戳的票据，才能被视为筹措进行贸易的运转资金的贴现票据，为民间银行所接受，享受低息。接收后，民间银行以更低的利息向日本银行进行再贴现，从而实现资金运转，该制度的制定最初是为了推动出口产品的制作、集货、资金顺畅流通，但随后又被顺势改动并且充实，增加了有关农业的生产、流通资金和进口产品交易、流通资金等的优惠措施。总之，日本银行充分发挥了票据再贴现的作用，在分配运转资金的过程中，遵循重要且紧急的部门和产业优先原则，对供给力的恢复，产业的发展起了巨大的推动作用。另外，在该期间的产业发展和调整升级过程中，日本的强制性金融调节政策从利息和量这两个方面对宏观金融进行了强有力的调控，发挥了巨大的作用。在利息方面，日本银行严格控制项目贷款，在加强审批的基础上，只为特殊国家支持产业提供低息贷款，并对已官定汇率的借出设置了一定限度，对超出限度范围的接待实施强制性的高息惩罚政策。此外，营业局还强行介入了日本银行向民间银行提供信用及民间银行间互相借贷等宏观金融调控中。

2. 高速增长时期（1956 年～20 世纪 70 年代初）：重化学工业等资本密集型产业为主导

在该期间，日本经济高速增长和产业结构调整升级的原因是巨额的民间设备投资，而这些投资的资金主要来源于民间个人储蓄，究其原因，主要有以下六点。

第一，中央银行以稳定的物价为目标，控制货币供应量。

第二，大藏省加强对金融机构的监督和检查，以保证其安全性和可靠性，进而增强国民对金融机构的信任度，达到利国利民的目的。

第三，吸收存款的多样性。在日本，地区性专业性金融机构和密集型金融机构并存，网点众多，储蓄方便。

第四，金融商品多样性。金融机构从提供资金的规模、期限、地域等方面有一个较为完备的立体分工。

第五，采取储蓄优惠，刺激个人增加储蓄。个人储蓄的增加，使得民间设备投资增加，设备投资增加必然增强生产力，增加利润，增加个人收入，收入增加了，个人储蓄也会增加，从而形成了一个很好的良性循环。

第六，推动储蓄吸收机构的竞争和竞争的激烈化，通过激烈竞争，各储蓄机构提供的金融产品余额及总额均急剧上升。

3. 稳定增长时期（20世纪70年代初～80年代中后期）：技术密集型产业成为制造业主导

从1974年开始，日本遭遇了通货膨胀及萧条同时发生的情况，即滞涨时代开始。面对恶性通货膨胀，日本以“最优先稳定物价”为金融政策的最终政策目标，以“重视货币供应量”为中期目标，严厉紧缩货币政策，在政策效果的波及路线上，依靠市场机制，推动“利率自由化”，以产业市场为导向，金融政策为手段，推动了产业结构的升级，促进了第三产业的发展，并使得机械等技术密集型产业成了制造业的主导，以货币供应量为主的金融政策强调了货币供应量与物价的关系，即在经济景气时，如果物价有所上涨，则要减少货币供应量，在经济不景气时，要增加货币供应量，以促进景气回升。在该阶段，日本金融改革最为引人注目的便是国债及建设债券的大量发行和利率自由化。

4. 泡沫经济和萧条时期（20世纪80年代中后期以后）：技术密集型产业与服务业为主导

1985年9月的“广场协议”后，日本经济进入了第四个阶段。随着汇率比价上升，日元升值，出口数量随即下降，相反，进口商品数量大增，为了防止国内经济出现不景气，日本采取了金融缓和政策，但尽管如此，日本经济还是遭遇了日元升值所带来的下降。由于国际政策协调所造成的过长时期的超低利率，导致了日本包括“泡沫”在内的资产膨胀，同时也表明了重视货币政策的破灭。1987～1990年，日本的资金供给平均上升率连续四年超过10%，股票、房地产等资产交易活动超常活跃起来，而资产交易的活跃性带动了消费等第三产业的发展。同时，由于日本当时的特殊国情，大量的货币发行也并未带来CPI的上涨，相反，在支持“平成景气”上发挥了很大的作用。由于物价的稳定，日本银行容忍了货币的过剩供应效应，而且日元相对美元升值两倍多的现实则再次刺激了国内的设备投资，同时，资产膨胀提高了企业筹措资金的能力，使当时的日本实现了内需主导型的大规模经济增长，推动了产业结构向着以知识技术密集型的方向深入发展。

（二）日本金融支持产业结构转型升级的经验

日本政府主导型的金融政策主要通过政策引导和直接投资这两种方式实

现对资金导向的倡导和校正补充，对产业结构升级的支持主要表现在以下五个方面。

第一，对不同时间段政府确立的主导产业和基础产业实行优惠政策，历史上，日本的海运造船、电力、汽车、机械、钢铁、煤炭等行业都因受益于“政策性金融”而蓬勃发展起来。

第二，为政府重点发展的产业部门和新兴产业部门提供低息贷款，制定《临时利率调整法》，限定最高利率，确保产业投资效益，政府设立“复兴金融公库”，以财政拨款和发行复兴金融债券的方式筹集资金，面向基础工业等重点部门贷款，为“倾斜式生产方式”的产业政策的推行提供资金支持。此外，低利率政策推行又大大降低了基础产业部门的融资成本。

第三，引导民间资本投向政策性产业和基础产业。20 世纪 50 ~ 60 年代，为促进经济发展，推动产业结构合理化和高级化发展，日本政府金融机构带头向那些资金需求大、投资周期长、投资风险大的产业进行资金投入，对民间资本起了积极的诱导效应，促使大量民间金融机构紧跟国家政策步伐，放松对这些企业的贷款，为大规模基础设施的发展提供了资金准备。

第四，加强对中小企业和农业的资金扶持力度。在经济发展和产业结构调整的过程中，财政投融资对中小企业和农业的资金保障帮助其克服了生产效率低、后续发展力量薄弱等问题，为提高就业率，维护社会稳定，更好地促进国民经济发展起了巨大的作用。

第五，引导衰退产业有序退出，保持经济稳定，在每一个经济发展、产业结构转型的阶段中，日本的政策性金融通过对先进产业的资金支持，以及对企业封存的设备和事业给予财政性融资补助，大大减轻了企业兼并重组带来的震荡。

三、德国金融支持产业升级

（一）德国的产业升级着力点

德国是二战后成为世界经济强国所用时间最短的国家。受 1998 年东南亚金融危机的影响，很多国家的经济都出现了动荡不安的局面，而德国企业却在 20 世纪 90 年代末期继续保持着蓬勃向上的势头。2009 年的欧债危机爆发以后，德国经济下滑了 4.7%，失业率也上升为 7.7%。但是，2010 年德国经济就开始增长，在同期欧洲其他国家的失业率都很高的市场状况下，2012

年底德国的失业率降到6.9%，为19年来最低（杨海洋，2013）。究其原因，一方面，德国充分发挥市场机制的调节作用；另一方面，德国政府和企业十分关注技术进步下的产业结构的调整。

（二）德国金融支持产业结构转型升级的经验

1. 债券融资支持

德国复兴信贷银行（KFW）是德国最大的政策性银行，主要支持领域为产业开发、教育和科研机构振兴、发展战略性新兴产业。负责中小企业业务的是KFW的子公司——KFW中小企业银行（KFW Mittelstands Bank），该机构负责为初创期中小企业提供资金支持和金融服务。ERP创业贷款是KFW为鼓励创业，扶持经营时间不到3年的德国中小企业（年营业额低于1000万欧元）的发展而提供的总额不超过100万欧元的中长期低利率贷款。KFW企业家贷款主要为经营时间超过3年的企业提供总额不超过2500万欧元的中长期贷款。

2. 股权融资支持

除为新兴产业提供优惠贷款外，KFW还通过与风险投资资本合作的形式，支持中小企业选择股权融资。ERP初创企业基金由KFW负责管理，通过和风险投资资本联合为高科技初创企业投资的模式来支持中小企业发展。2012年，KFW共计为初创企业提供了5800万欧元的资金支持。

3. 德国中小企业融资体系的特点

与美国不同，德国建立的是银行主导型金融体系，实行金融混业经营。从KFW的业务模式可以发现，其在经营中充分考虑风险分散问题。商业银行承担的风险限额一般在20%以内，在具体业务操作上，商业银行要求贷款申请人提供相应的贷款抵押，贷款风险进一步降低。此外，政府以自身信用为担保，银行提供反担保，从而实现放贷银行、担保银行和政府共担风险的担保模式。虽然贷款担保银行与承贷银行承担的风险比例约为8∶2，但由于联邦政府和州政府提供60%～80%的反担保，担保银行最终承担的风险降至总贷款风险的16%～32%。

第二节　粤港澳大湾区金融支持产业升级情况

粤港澳大湾区，是由香港、澳门两个特别行政区和广东省的广州、深圳、珠海、佛山、中山、东莞、惠州、江门、肇庆九市组成的城市群，是国家建设世界级城市群和参与全球竞争的重要空间载体。自21世纪初美国金融危机以来，世界经济发展格局发生着深刻变化，在国际市场需求萎缩以及国内市场要素价格持续上升的双重夹击下，我国推进经济转型发展的需求日益凸显，迫切需要探索新的经济发展道路。当前，我国经济发展进入了新的市场均衡重构阶段，打造粤港澳大湾区是我国推进经济转型发展的重要举措。粤港澳地区从20世纪50年代香港工业化起步开始，到80年代珠三角地区改革开放，再到21世纪初整个粤港澳地区协调发展，正经历着从简单的产业承接到全面的要素整合跨越。粤港澳地区是我国经济和产业发展的重要核心，始终走在我国改革开放的最前沿，引领着我国经济发展的方向。粤港澳大湾区的提出与建设对于我国探索新的经济发展道路，形成新的市场均衡有着重要意义。

一、粤港澳大湾区产业结构现状和发展趋势

（一）产业结构现状

粤港澳大湾区“9+2”城市的综合经济实力正在成为世界城市群经济发展的新引擎。其中，香港、深圳、广州作为区域核心城市GDP远远领先于其他城市；佛山、东莞作为第二梯队经济实力逐步增强；其他城市与发达地区仍有一定差距。从各城市产业构成看（见表7-1），香港、澳门经济以第三产业为主。内地城市中，广州第三产业占比超过70%，在区域经济发展中将凭借发达的第三产业优势继续巩固对外服务与贸易中心的地位；深圳除了高科技制造中心优势外，金融、服务业、物流等第三产业也在全国占据重要地位，与香港互联互通的优势将助推两地产业链整合与协作；佛山、惠州等作为世界制造业中心，承担着广州、深圳制造业转移的产业布局任务；相较于其他城市，地区生产总值较低的肇庆、江门等第一产业仍然占比较大，未来可能会在第一产业上发展现代农业，在与其他湾区城市协作基础上逐步完善第二、第三产业。伴随着城镇化进程的加快，城市群成为国家推进新型城镇化的主体（国家“十一五”规划首次推出城市群建设）。根据“十三五”规划，我国要在全国范围内建设19个城市群，京津冀、长三角、珠三角则被列入建设世界级城市群目标。在城市群的空间地理聚集效应下，产业集群的形成和发展成为区域经济发展的主要动力。

表 7-1　**2018 年粤港澳大湾区各城市产业结构**　单位：%

城市	第一产业	第二产业	第三产业
广州	1.0	28.0	71.0
深圳	0.1	41.4	58.5
珠海	1.8	48.1	50.1
佛山	1.4	57.7	40.9
惠州	4.3	52.7	43.0
东莞	0.3	48.3	51.4
中山	1.6	50.3	48.1
江门	7.0	49.2	43.8
肇庆	15.5	36.6	47.9
香港	0.1	7.2	92.7
澳门	0.0	5.1	94.9

资料来源：《中国经济统计年鉴》《广东省统计年鉴》。

（二）通过集群优势推动区域经济发展

粤港澳大湾区规划的核心之一在于充分发挥各城市产业经济优势，通过集群优势推动区域经济发展。表 7-2 是根据 2017 年粤港澳大湾区内地 9 市主要产业经济统计数据编制出的大湾区优势产业表。其中，深圳在电子信息制造业遥遥领先，东莞、惠州排在其后，它们在产业链上形成有效互补。佛山机械/装备制造业增加值排在首位，地理区域相近的佛山—肇庆已形成一定的产业集聚效应，未来可能成为湾区城市先进制造业转型升级的关键。广州在汽车、医药制造行业中领先于其他城市，汽车制造业作为广州市的传统优势产业，资源高度集中，而医药制造业发展迅猛，成为广州市产业经济新增长点。深圳市医药制造业也较为发达，以广州、深圳作为中心辐射的医药制造业产业带正在形成。在第三产业金融业方面，深圳行业增加值高居榜首，但与纽约、伦敦、香港、上海、北京等国内外金融中心城市相比仍存在明显差距，行业增加值仅相当于伦敦的 1/3、纽约的 1/7，金融业整体影响力和辐射力还有待提升。在粤港澳大湾区规划中，深圳—香港将在金融服务方面发挥重要作用，推动建立深港两地金融长效性合作机制、探索创新型金融市场。此外，深圳积极发挥在产业金融方面的优势，为大湾区先进制造业、战略性新兴产业、现代服务业等发展提供金融服务，促进金融与产业有效结合。

表 7-2 2018 年粤港澳大湾区内地 9 市主要产业行业增加值 单位：亿元

城市	电子行业增加值	汽车制造业增加值	机械/装备制造业增加值	医药制造业增加值	金融行业增加值
广州	343.85	1038.84	439.48	94.20	1809.37
深圳	4168.36	123.50	943.85	85.57	2810.73
珠海	199.08	27.92	369.12	47.43	166.76
佛山	276.14	189.39	1452.95	34.01	378.82
惠州	652.62	61.58	160.74	7.29	152.92
东莞	988.78	46.52	445.19	7.87	441.77
中山	164.99	39.74	329.98	56.58	180.20
江门	69.16	26.62	467.65	9.56	128.91
肇庆	69.16	20.82	46.28	14.47	64.29

资料来源：《中国经济统计年鉴》《广东省统计年鉴》。

二、金融支持产业结构转型升级的经验

（一）构建更为合理的产业发展模式

首先，粤港澳大湾区的发展模式优化。将以前“前店后厂”的传统模式转变为产业上的多方位集成式的融合。珠三角地区主动加大力度推进产业升级，积极转变产业协同的发展模式。其次，各地产业分工合作，避免产业过度竞争。在现有的产业优势基础上，以区域产业发展利益和实现互利共赢为目标，港澳地区经济开放度高，自由贸易模式较为成熟，进一步发挥“超级联系人”的作用，提升粤港澳地区开放程度，融入国际发展的大环境并参与国际化竞争合作，提升在全球价值链上的地位，创新国际经济贸易新合作方式。再次，在制造业方面的合作，合理利用技术、研发、制造和物流等各个单元，优化供应链和产业链的分工和合作模式。最后，港澳积极促进先进制造业和现代服务业的产业融合，推动地区产业结构升级。

（二）粤港澳大湾区的产业协同创新体系

粤港澳大湾区产业系统有利于加强科技创新能力，协调三地的科技创新协作。积极推动香港和澳门两地融入区域创新中，以其自身优势建立更为合理的产业协同创新体系。当地政府部门建立了相应的激励制度，实现区域产

业制度创新。同时，鼓励该地区产学融合建设，培育三地的产业协同创新主体，推进当地企业、学校、科研机构等建立合作创新平台，为粤港澳大湾区提供了更多创新型人才、设备、资本等创新型要素。

（三）加快传统产业转型升级

粤港澳大湾区的传统制造业转型升级，有利于提高产业系统的发展效率，提高区域产业的国际竞争力。香港作为国际金融中心，有利于引领广州、深圳完善其金融服务体系，加强金融业转型升级。粤港澳大湾区依托自身新型产业的基础，打造新的产业发展模式，提高创新水平，促进产业转型升级。

第三节 长三角经济区金融支持产业升级情况

长三角地区是我国经济最活跃、开放程度最高、创新能力最强的区域之一，在国家现代化建设大局和创新驱动发展重大部署中具有举足轻重的战略地位。在2017年，随着世界经济有所复苏，我国经济增速呈现回升，长三角地区经济增长好于预期，特别是实体经济发展向好，新兴产业发展较快，区域经济增速高于全国平均水平。从总量贡献来看，2017年长三角三省一市的经济占全国经济的比重达到了24%，进一步展现出其对全国经济的支撑和引领作用。随着中国经济在十多年来的高速发展以及产业升级带来的结构性调整，劳动力总就业市场以及各级劳动力就业市场正在发生巨大变革，产业对于劳动力的技能水平要求也呈现分化。伴随着市场经济的不断发展，东部沿海地区引领了全国经济的高速发展，同时创造了大量就业岗位，高工资率的吸引力极大地引导着中西部欠发达地区劳动力自发迁移到东南沿海相应产业实现就业。同时伴随着中国经济的高速发展及计划生育政策的实施，人口红利开始减少甚至趋于消失，随着人口老龄化现象日益严重，同时造成了大学生就业越发困难等各种社会问题，这些问题直接促成了就业市场面临着劳动力结构性短缺，即劳动力结构性失业问题。劳动力结构性短缺变相促进了产业结构的转变，伴随着信息技术、知识资本变革等重要转变，长三角区域的企业不再只是依靠廉价劳动力、高污染、高能耗来实现非可持续的劳动力密集型发展，而是转变为依靠更加先进的信息技术和科学技术的技术资本密集型企业进行发展，产业结构得到优化。而产业结构的转变又反过来促进了就业结构的转变和居民收入水平的提高。长三角区域的企业在提高对创新型、知识型、技术水平较高劳动力的需求的同时，由于计算机和人工智能行业的发展替代了各项低端劳动力，企业大大降低了对低技能的重复性劳动力的需求，最终使得产业由劳动力密集型和资源禀赋密集型逐步过渡到知识密集型和技术资本密集型，并促成了产业结构、就业结构、居民收入水平呈现螺旋式上升的发展，区域经济获得长足发展。长三角地区金融支持产业升级的经验值得深入研究。

一、产业结构发展情况

（一）2003～2014 年长三角地区内部发展存在一些不平衡

由图 7－1 可知，2003～2014 年，长三角地区各城市第三、第二产业比值（第三产业增加值/第二产业增加值）多数年份呈现出上升的趋势，大部分城市的产业结构得到优化和升级，第三产业比重得到提高。但是，也有少数城市却在 2003～2014 年的某些时间呈现出下降的趋势。其中，合肥在 2003～2010 年的第三、第二产业比值呈现出明显的下降趋势，这说明合肥市的第二产业发展速度明显快于第三产业的发展，可以间接说明在合肥市的经济发展中，第二产业起着更大的作用。

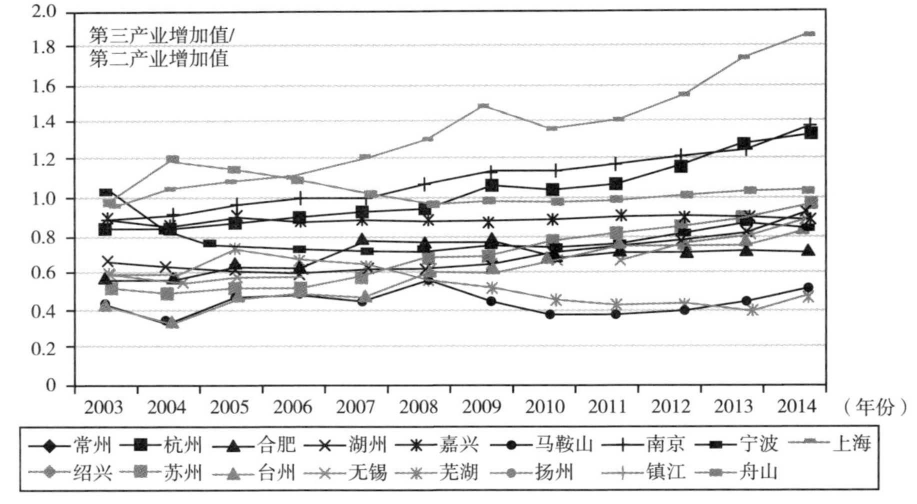

图 7－1　2003～2014 年长三角城市群第三、第二产业比值变化

资料来源：笔者依据长三角各城市统计局公布数据整理而得。

由图7－2可知，长三角地区的第一产业在地区生产总值的比重在2003～2014年大多是处于一种下降的趋势。其中，上海地区的第一产业产值比例已经低于1%。2010年之后，舟山的第一产业比重有小幅度的上升趋势。这可能与近年来舟山地区渔业产业的恢复有关。

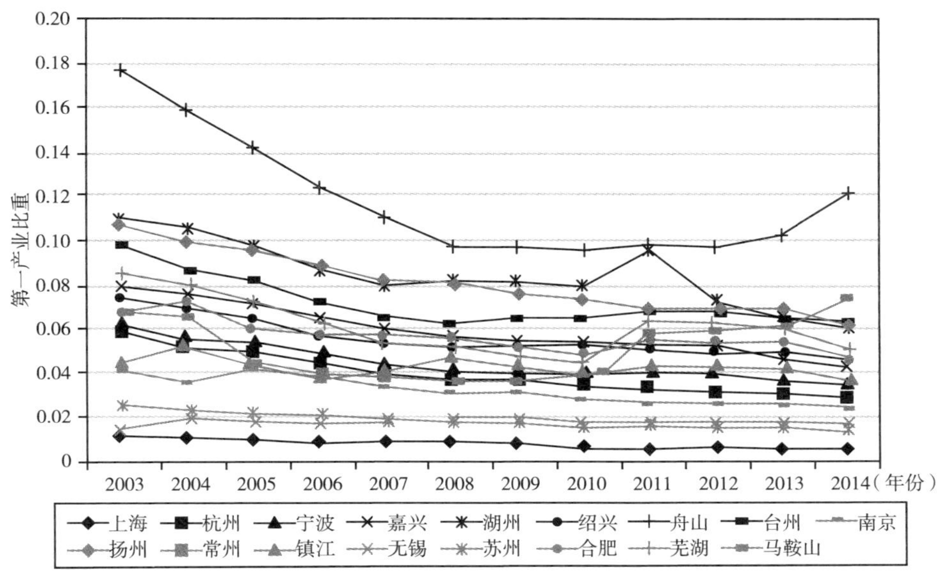

图7－2　2003～2014年长三角地区各个城市第一产业比重变化

资料来源：笔者依据长三角各城市统计局公布数据整理而得。

通过以上分析，我们可以发现，2003～2014年长三角地区城市之间的发展存在一些不平衡现象。上海作为长三角城市群的龙头城市，在第三产业发展等方面居于领先地位。浙江和江苏的产业结构发展较为相似，并且同样具有强大的非公有制经济且均处于东部沿海地区等特点，两省的城市发展水平相当，均有各自的发展优势产业。安徽处于中部地区，经济水平相比于苏、浙、沪三省，有着比较大的差距，其第二产业发展起着更大的作用。

（二）2015年以后长三角区域产业升级情况

1. 不断强化金融功能

2015年以后，金融机构持续快速集聚于上海浦东新区，新增持牌类金融机构、各类新兴机构如雨后春笋般涌现。证券交易额大幅增长，各种金融交易平台大量出现，并日渐完善。

2. 不断拉升长三角产业能级

长三角地区深入实施创新驱动发展战略，持续优化创新创业环境，大力推动“大众创业，万众创新”，集聚创新资源，加快培育发展新动能，大力推进科创中心核心功能区建设。以上海浦东新区为例，启动张江科学城规划建设，引进“阿里云＋创客基地”“微软云”等一批知名孵化器，推动太库、医汇谷等国内孵化器在硅谷、柏林、特拉维夫等地合作设立孵化培训中心。

3. 高端产业发展持续加快

长三角地区立足本地资源禀赋、产业基础，以提高质量和核心竞争力为中心，促进新产业更快成长、传统产业加快改造提升，促进区域产业集聚和转型升级。以南京江北新区为例，随着台积电 12 英寸晶圆厂项目的有序推进、上汽新能源汽车项目落成、江苏省环境能源交易中心的建立，老山生态旅游体验园、“地球之窗＋X”旅游综合体等重大服务业项目加快推进，特色鲜明的现代产业发展格局初步确立。

二、长三角地区金融生态助力产业结构转型升级的经验总结

（一）拓宽金融市场宽度

逐步渐进式扩大直接融资比重，拓宽金融市场宽度，改善融资结构。商业银行逐渐减少对“两高一剩”“僵尸企业”等生产过剩及技术水平低下的企业贷款。配合国家创新驱动发展战略与产业转型升级，引导鼓励商业银行加大对先进制造业、战略性新兴产业、现代信息技术产业、科技创新企业等的资金支持力度。针对科技企业特点，积极探索知识产权质押贷款、仓单质押贷款、应收账款质押贷款、股权质押贷款等信贷产品。

（二）构建多层次的资本市场

进一步构建完善多层次的资本市场，健全资本市场运行机制和监管机制，在继续完善主板、中小板和创业板市场的基础上，深化“新三板”市场和地方产权交易市场改革，建立健全转板机制和退出机制，降低科技创新企业的上市门槛，推进符合条件的战略性新兴企业以买壳上市等形式上市及在境外融资。大力发展债券市场，扩大发行主体，丰富期限品种和风险品种，增加交易场所，简化审核流程；积极推动资产证券化，盘活存量资产；完善债券

在不同市场的交叉挂牌及转托管机制。

（三）鼓励民间资本进入风险投资资金

拓宽风险投资资金来源渠道，以政府投入为引导，鼓励民间资本进入风险投资业，扩大投资主体。探索为风险投资企业融资提供政府担保及税收优惠。培育区域性、地方性产权交易市场，为风险投资提供高效顺畅的退出机制。

（四）政府引导设立战略性新兴产业发展基金

进一步健全完善政府引导基金发展机制，增加战略性新兴产业、先进制造业以及创业创新领域政府引导基金的设立，改善产业政策环境，提高供给体系质量和效率，切实推进大众创业、万众创新。设立专门的战略性新兴产业发展基金，资金投向处于萌芽和初创期的大数据、信息技术、高端装备、新能源、节能环保等战略性新兴产业领域，提升企业研发强度，推动产业向中高端迈进。

（五）政策性金融的精准支持

大力发展政策性融资担保和再担保机构，为产业转型及新兴产业企业提供贷款担保。增加政策性银行对产业转型升级的资金支持力度，明确细化支持政策，加强金融支持的可操作性。同时，对政策性银行对产业升级的放贷行为给予更多的财政支持。

第八章 京津冀金融生态协同创新与产业升级的对接

当前，中国经济正处于由数量规模扩张阶段转入创新驱动、高质量发展阶段。与此同时，产业结构正在经历由出口导向的劳动密集型产业向重视国内消费市场的资本密集型产业和创新驱动型产业转变。在这个关键的经济发展转型过程中，实体经济中的制造业依靠劳动力低成本带来的国际比较优势逐渐减弱，取而代之的是追求可持续提升的全要素生产率和创新驱动的高附加值国际竞争优势。党的十九届四中全会通过的《中共中央关于坚持和完善中国特色社会主义制度　推进国家治理体系和治理能力现代化若干重大问题的决定》中提出，构建区域协调发展新机制，形成主体功能明显、优势互补、高质量发展的区域经济布局。

京津冀的产业升级（尤其是制造业）也正处于这样的布局中。在这个特定的发展阶段，微观企业高风险自主创新研发投入和先进生产设备引进的外部融资需求对京津冀金融生态协同创新提出了新的要求。探索京津冀区域金融改革开放之路，充分发挥资本市场促进创新资本形成的机制优势，大力推动科技产业与金融的连续循环，助力产业链、供应链实现再连接、再优化、再巩固。

第一节　京津冀金融生态协同创新与产业升级的政策对接

在京津冀三地各产业产值中（见第四章表4－2），第三产业贡献度逐步提升，产业升级进度有了历史性的突破。但是，就京津冀整体区域协同发展的实际情况与粤港澳大湾区和长三角区域对标，可以发现京津冀存在诸多亟待解决的问题。其中，产业升级方面的问题具体表现为：虽然京津冀三地产业梯度性发展较为明显，但是产业发展互补性较差；三地中，虽然北京市和天津市拥有较长的产业链，但是河北尚未很好地与北京和天津实现产业对接；尤其是河北省产业发展的功能定位仍有待进一步优化。金融生态方面存在的问题主要表现为：区域金融的协同发展水平不足、创新能力尚未释放；京津冀金融生态的资本配置效率有待进一步提升，地方政府以及微观企业（包括以商业银行为主的金融机构）风险防范能力较弱，信用创造功能有待进一步加强。京津冀金融生态与产业升级的相互依存性尚未激活，金融生态与产业升级的"溢出效应"和"反馈效应"尚未显现。因此，京津冀三地通过错位互补，更加高效合理地整合资源，发挥自身比较优势，以产业水平升级与产业结构升级为突破点，提高产业链衔接度，实现京津冀合作共赢与协同发展，并以此为基础架构金融生态与产业升级的良性依存，促进三地产业结构的高级化发展，对周边城市产生经济辐射效应。

一、以金融生态协同创新促进京津冀营商环境优化

世界银行将营商环境界定为：企业活动从开办到结束的各环节中所面临的外部环境状况。在营商环境的内涵上，国家"十三五"规划纲要将其划分为四个维度：公平竞争的市场环境、高效廉洁的政务环境、公正透明的法律政策环境，以及开放包容的人文环境。

2019 年 8 月，在国务院批准的六个自贸试验区通知的批复中，其中有五个自贸区的第一项任务都是创立国际一流的营商环境。李克强总理在 2020 年 7 月 8 日的国务院常务会议上强调："要把持续优化营商环境，作为激发市场主体活力、保就业和吸引外商外资的主要抓手"。良好的营商环境，是建设现代化经济体系，进行产业升级促进高质量发展的重要基础。

（一）协同打造公平竞争、开放的金融市场环境

公平竞争的金融市场的核心是完全信息。然而，现实的金融市场难以避免信息不对称问题。资源错配、金融主体的逆向选择和道德风险等问题时有发生。解决信息不对称问题的重中之重是完善金融机构的信息披露制度。

1. 完善京津冀金融信用信息共享平台

要优化金融支持薄弱环节的信用环境，破解信息不对称，不断完善京津冀金融信用信息共享平台。

首先，尝试建立京津冀区域基于信用信息大数据的协同奖惩信用机制。信用大数据是由个人、企业、政府部门、社会团体及其他行为主体在日常生活和工作中产生的与信用相关的海量数据。信用联合奖惩是政府、行业、组织等多方力量共同采取措施对行为主体失信行为进行跨地区、跨部门、跨领域的联合奖惩。京津冀区域基于信用大数据的协同奖惩信用机制，可以有效化解因行政壁垒所带来的信息不对称、数据资源不共享等问题。基于动员多元主体参与的信用信息共享平台，有助于从行政层面、市场层面、行业层面和社会层面等多个维度采取综合性奖惩措施。以严重失信企业为例，京津冀行政主管部门将其列为重点监管对象，在项目审批、许可证发放等方面采取行政性约束惩戒措施，同时允许其及时进行信用修复，否则可下调其行业评级甚至劝退。

其次，完善京津冀区域信用评价机制。北京市、天津市、河北省三地政府应协同建立企业信用评价与管理制度，特别是对重点行业领域信用进行着重监管与动态化管理。京津冀政府联合当地质监、工商、金融机构等部门设立专门的企业信用评价委员会，对京津冀区域各行业企业的信用等级进行评价与考核；建立京津冀区域信用诚信档案，将企业出现的偷税漏税、产品质量、拖欠偿付等违规违法行为记录其中，纳入京津冀区域信用征信系统。探索利用区块链技术建设基于小微企业信用评价体系的金融综合服务平台，完善中小微企业信用信息交换共享平台，挖掘大数据的价值，解决金融机构和小微企业信用信息不对称问题。支持国内外知名信用服务机构落户，重视征信、资信评级、信用咨询等信用服务机构培育和集聚。健全多部门、跨地区的信用黑名单制度、失信惩戒制度、信用服务市场监管制度，构建信用信息一张网。

最后，积极探索构建科学合规的信用修复容错审核机制。开展初审、复审和终审的三级修复审核机制，通过信用分析、信用辅导、信用承诺、参加公益活动等多样化的信用修复方式构建科学合规的信用机制。

2. 协同营造能够支持产业转型升级的国家级金融改革试验区

第一，着力打造金融资源聚合区。按照京津冀三地各自的特色规划金融产业空间布局，尝试推进京津冀银行总部、金融核心区、股权投资聚集区、高新区科技金融服务中心等载体建设，推动京津冀金融资源的整合、集聚和发展。

第二，引进多元化金融市场主体，实现市场的有效细分，向各类企业提供差异化、专业化和个性化的产品服务。如推动区域内银行机构升格和延伸，成立专业支行、科技支行，推动区域金融和准金融机构做大做强，发挥“鲶鱼效应”。

第三，打造产融结合样板区。以河北省为例，近年来河北省工业快速发展，逐步形成了以装备制造、钢铁、石化、食品、医药、建材、纺织服装七大产业为主导并涵盖40个工业行业大类的较为完备的产业体系。金融改革可以以此为依托，通过深化产业和金融融合发展，探索建立供应链金融服务模式。搭建产业供应链融资服务平台，支持有市场、有订单、轻资产企业融资，促进产业金融提质。在京津冀区域信息技术、高端装备制造、生物医药健康、新能源、新材料等新兴领域也已经形成局部优势。依托这些局部优势，可以组建产业金融数据中心，打造数字化金融平台。推进“金融+互联网”服务，推动大数据、区块链、云计算等技术在产品研发、信贷模式等领域的应用，提升金融服务效率和水平。

第四，开发资本运作引领区。金融改革要加快发展战略性新兴产业、高新技术产业、传统产业高端化领域天使投资、创业投资；建立股权投资基金体系，抓紧运作新兴产业、高新技术、技术改造、兼并重组等子基金，引导产业退出资本“二次创业”回归实体，带动金融机构和社会资本跟进，助推产业转型升级；探索开发大型资本运作平台，推动更多优质企业上市、实施并购重组等，鼓励成长型企业到“新三板”和京津冀区域交易中心挂牌融资；发展特色区域资本市场，如金融资产、环境排污权（碳排放权等）交易市场，探索用能权、矿产使用权、林权等创新交易业务。

第五，打造京津冀金融协同创新区。金融业发展程度直接关系到服务实体经济能力。京津冀金融协同创新要致力于创新差异化监管机制和政策支持体系，建立良好的金融营商环境，畅通银行与企业、银行与政府的沟通渠道，在科技金融、普惠金融、绿色金融等领域进一步激发金融企业的潜力和活力。大力发展绿色信贷，探索通过再贷款和建立专业化担保机制等措施支持绿色信贷发展。推动银行业自律组织逐步建立银行绿色评价机制，依托天津自贸区的绿色债务融资工具创新，推动绿色信贷资产证券化。设立绿色发展基金，发展绿色保险，在环境高风险领域建立环境污染强制责任保险制度。开展线上线下“一揽子”绿色综合金融服务方案，完善环境权益交易市场、丰富融资工具，发展各类碳金融产品。推动民间融资管理方面的立法，建立民间借贷市场监测体系，扩大民间融资登记备案，提升和推广京津冀民间借贷登记服务中心试点，推进民间融资阳光化、法制化。

第六，开拓金融开放先行区。依托“雄安新区”和“天津自贸试验区”建设跨境金融资产交易平台，支持和推动企业开展跨境资本运作，吸引资产管理、投资银行、股权投资等国际资本聚集。推动银行业金融机构丰富跨境人民币融资方式，开展跨境人民币融资产品，推动企业境外上市、发债资金回流，引进境外金融机构先进管理模式和风险防控手段，促进京津冀金融国际化发展。

（二）通过财税政策合作优化高效廉洁的政务环境

京津冀经济协同发展中，牵涉产业转移的税收重新划分、环境协同治理的税收成本负担、基本公共服务成本分担机制等诸多问题，都需要协同创新的财税手段进行协调。建立相对有效的财政运作和平衡机制，则当地的金融部门更能发挥创新促进作用，建立有效的财政约束体系，规范地方政府行为，在面临严格财政边界线时更要避免对地方金融的无谓扰动。

1. 采用税收优惠和税式支出相结合的方式来完善财政扶持

通过免税、减税、应税所得扣除等特殊规定，引导企业进行主动产业迁移，撬动更多的社会资金、先进技术和管理经验。

提高京津冀地区税收征管的协调性，探索建立京津冀三地间产业转移税收分享机制，制定有利于引导京津冀区域内产业转移和承接的税收优惠政策，促进区域协同发展的效率与公平。例如，北京在实行鼓励外迁企业的税收优惠政策的同时，河北或天津（承接地）协同实行承接产业转移的税收优惠政策。

创新财税政策支持高新技术产业发展，加快整体区域产业转型升级。提升税收优惠政策的精准性和有效性，不断创新财政补贴、奖励等差别化政策，实行分类管理的税收政策，支持高新技术产业的发展；采取助推高新技术产业发展的税收政策。

探索京津冀间税务部门之间的合作共建机制。利用税收政策，助推区域内产业合理布局。增大税收政策对先进制造业的引导作用；增强税收政策对特色旅游业的扶持作用；运用税收政策加速传统工业转型，尽早实现环境治理目标。

2. 协同创新财政资金引导社会资金投入的有效机制

（1）借助金融生态协同创新理念做好产业转移承接支持。

产业承接转移是产业升级的重要环节，充足的资金支持是其顺利进行的必备条件。传统模式下，产业转移承接的财政资金投入主要来自政府对项目的直接资金扶持与待转移企业自身的资金积累。依靠财政资金的直接投入进行转移往往受到财政缺口的制约，真正完成的产业转移有限。因此，财政在支持产业转移承接方面需要借助金融生态协同创新理念，采取多元化的投资方式，吸引更多的社会资本介入。地方政府不仅要用好财政补助资金、财政贴息等传统的财政扶持政策，更要采取措施引导企业正确融资。建立“政府支持、多方参与、风险共担、银企合作”的信贷担保体系。作为承接地的津、冀地方政府，引导地区内同类产业进行融合升级，实现资金融合增值、资源共享。为企业营造地方政府背书的区域平台，增加企业发行债券、设立发展基金等融资新渠道，支持产业承接转移发展。

（2）借助金融生态协同创新力量引导社会资本投入基础设施建设。

产业升级需要良好的环境与配套的基础设施。完善的基础设施建设有利于吸引社会资本，降低企业生产经营成本，提高生产效率，增强外资利用水平。京津冀区域（尤其是河北省）的基础设施建设有待完善，单纯地依靠公共投资已无法满足基础设施建设的资金需求。政府应采取更有效的措施，譬如通过引入 PPP 模式，引导社会资本投入基础设施建设，合理分担和缓解基础设施建设的投资风险，缓解政府资金不足的压力，提升资金使用效率。此外，中央财政采取“以奖代补”的方式，发挥杠杆和引导的作用，给予基础设施建设实施效果好的地方一定的奖励，有效推进基础设施和公共工程的建设。

（三）打造公正透明的金融政策环境

1. 用科技金融政策支持优势产业链发展

津、冀两地科技金融政策的制定和实施需要从各自的产业特征出发，紧跟协同发展战略，协同规划区域发展，以优势产业为基础，以科技金融政策引导和助推优势产业链发展。例如：天津市属于第二、第三产业双轮驱动型经济。天津市拥有先进制造业，高端装备、新一代信息技术、航空航天等优势产业，可以量身打造对接上、下游企业获得资金支持的科技金融政策，推动天津制造业逐步从产业链低端向高端升级。河北省则需要通过科技金融政策招商引资，吸引相关的龙头企业入驻，组建本地产业链。通过合作、转移、嫁接、集聚等创新形式，发挥重点产业和园区的带动引领作用，推动传统企业向智能化、数字化、绿色化的转型升级。

2. 根据各地的资源禀赋采取各有侧重的金融配置策略

如本书第二章第一节、第二节所述，北京市拥有丰富的科技创新资源，吸引了大量金融资本，北京市应该更加重视金融创新（包括金融平台创新、金融工具创新、金融技术创新），引导卓越的创投机构，开拓权益性融资渠道，优化创投资本，挖掘和培育更多的“独角兽企业”。津、冀两地资本集聚程度低，制造业占比较大且地区发展失衡，贸易依存度较高，应充分整合政府资源，以担保、再担保、保险、政策性金融为依托开拓债务型融资渠道。促成和推动担保机构与银行性金融机构合作，推动银行与担保公司可持续合作，建立企业风险补偿基金，实现京津冀区域金融生态链的良性循环，逐步摆脱局部市县制造业发展失衡的格局，打破资本集聚程度低的束缚。

（四）以京津冀金融生态协同创新打造开放包容的人文环境

我国《社会信用体系建设规划纲要（2014～2020年）》指出，政务诚信是社会信用体系建设的关键，各类政务行为主体的诚信水平，对其他社会主体诚信建设发挥着重要的表率和导向作用。京津冀地方政府可以协同组织创建政务诚信建设试点示范城市，着力打造诚信政府、提升政府的公信力，更好地促进产业升级，推动经济社会可持续发展。

1. 协同加强商务诚信及市场信用文化建设

京津冀政府协同创新科学的管理政策，加强对授信者的保护和对失信者的惩罚，树立商务诚信及市场信用文化导向，推动企业之间、商家与消费者之间、地方政府与企业之间信用秩序建设。商务诚信及市场信用程度的提升，可以降低市场主体的交易成本和管理成本，同时提高生产和经营效率，为产业升级腾出空间。有利于政府、企业将更多的精力用于生产、销售和为市场服务。

具体而言，三地政府可以依托传统产业科技产业园区和高新区，因地制宜建设传统产业科技创新信用示范区。三地金融办可以充分利用金融信用信息基础数据库等信用信息平台，加大对科技企业信用信息采集，建立科技型中小企业的信用评级和结果推介制度。充分动员传统产业行业协会等自律组织，为重点传统制造业科技投入和创新项目提供信用增进服务。建立健全政府引导、社会资本参与、市场化运作的科技担保、再担保体系，支持融资担保机构对传统产业科技企业的信用增进。综合运用创业投资、风险分担、保费补贴、担保互助、贷款贴息等方式，发挥政府资金在传统产业技术创新、信用增进、风险分散、降低成本等方面的作用。

2. 加强知识产权保护，推动知识产权融资

金融生态对产业结构的传导路径离不开新技术的研发、应用。发达的金融市场通过为具有创新精神的新的竞争者提供资金，推动市场依靠知识、技术、努力及创新精神来创造财富，提高市场竞争层次，实现经济持续增长。产业技术创新对一个地区经济的发展起着很大的推动作用，知识产权保护是实现产业技术创新、引领发展战略、进行产业升级、推动经济高质量发展的关键因素。在我国，知识产权的司法保护与行政保护主要由地方各部门具体负责。在全国统一的知识产权法规下，地方政府的知识产权保护实践包括两种类型——司法保护与行政保护。地方政府作为知识产权保护的实际执行者，在知识产权保护实践中发挥着重要作用。

如图 8－1 所示，长期来看，三地政府协同加强知识产权保护，进一步完善知识产权保护法律体系，构筑司法保护、行政保护、仲裁调解、维权服务和文化建设一体化的管理体制，可以促使辖区内的侵权行为减少，营商环境持续改善，有利于激励创新及外部投资，有助于产业升级和经济可持续发展。

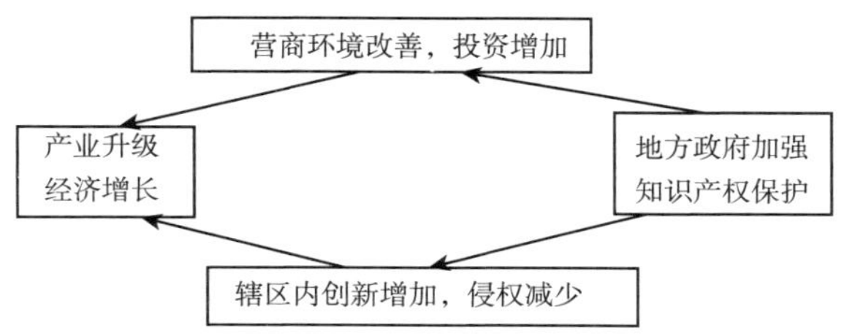

图 8－1 知识产权保护对区域营商环境的影响

三地政府协同健全知识产权价值评估标准，明确产权归属，打通产权变现的渠道，加强知识产权保护，有利于京津冀金融生态协同创新知识产权金融产品，加大知识产权投融资的市场环境及金融服务能力建设；引导知识产权评估、交易、担保、典当、拍卖、代理、法律及信息服务等机构进入知识产权金融服务市场；支持社会资本创办知识产权投融资经营和服务机构，加快形成多方参与的知识产权金融服务体系；完善企业和金融机构需求对接机制。鼓励传统产业中技改企业成立联保互助基金，为共同技术改造项目提供融资担保支持。充分发挥科技成果转化引导基金的作用，通过设立创新投资子基金、贷款风险补偿机制等方式，引导金融资本和民间资本投向科技成果。

二、京津冀金融生态协同创新培育绿色产业发展

绿色发展是培育壮大新产业、新业态、新模式，发展新动能，推动产业结构转型升级的必由之路。习近平总书记指出，“要探索以生态优先、绿色发展为导向的高质量发展新路子。”① 改革开放之后，伴随着京津冀区域经济的高速增长，能源物质消耗产生的高污染、高排放现象，使京津冀地区的空气污染指数长期居高不下。面对京津冀区域（尤其是河北省）资源约束趋紧、环境污染严重、生态系统退化的严峻形势，金融生态协同创新推动绿色产业转型和发展显得极为必要。

天津市和河北省在承接产业转移过程中，亟须处理好高能耗产业升级与新兴绿色产业培育之间的产业互促、产业互补、产业融合、产业协同、产业嵌入以及产业演进的关系，有效化解产能过剩。京津冀金融生态肩负着更加重要的使命——需要从区域协同发展的层面兼顾好高能耗产业升级与新兴绿色产业培育。

从金融市场角度来看，传统高能耗产业与新兴绿色产业发展的定位不同，金融服务的切入时间与方式、资金的支持力度和期限也各有不同。传统产业一般以稳定成熟的传统技术为主，具有较高的市场成熟度，其在生产总值以及经济增长的贡献率方面占比较高；新兴绿色产业所依托的新兴技术一般尚处于研发、推广阶段，尤其在关键技术的获取、技术方向的选择、技术攻关的时机把握、技术结果的判断等方面，具有高度不确定性。

（一）金融支持京津冀传统企业走绿色发展道路——向价值链高端攀升

天津市、河北省应该从自身产业的承接基础以及发展趋势等多角度综合考虑，利用产业承接转移实现经济转型。既不能为了 GDP 的增长不加选择地承接“三高”产业，又不能“谈污色变”，因为耗能、污染而全盘拒绝。两地政府应主动对“三高”产业的承接问题进行协商，从整体利益与长远利益出发，制定和安排科学的产业承接转移政策。以京津冀地区产业对接为抓手，积极创新新能源发展方式，走绿色科技创新承接之路。

---

① 纪帆．人民时评：以生态优先、绿色发展为导向［N/OL］．中国共产党新闻网，2019－03－06．

金融生态协同创新扶持、助力传统企业的价值链攀升（如图 8－2 所示）。通过提供融资服务和融智服务，为处于不同阶段的企业有序攀升价值链高端量身定制金融服务方案。审慎对待单纯的扩产能项目，有针对性地支持具有企业技术创新能力和品牌竞争力的项目（例如，石家庄的医药制造业、天津的节能环保产业）。发挥政策性银行优势，进出口银行发挥国际经济合作方面的独特优势支持津、冀传统企业提升国际化水平，有效地运用国际资源，对接国际市场。支持传统企业开展境内、外并购，实现原材料控制、建设国际销售网络。辅导企业采用多元化经营、多元化财务管理，为进出口企业提供外汇风险管理，为打造更多的国际化品牌铺平道路。

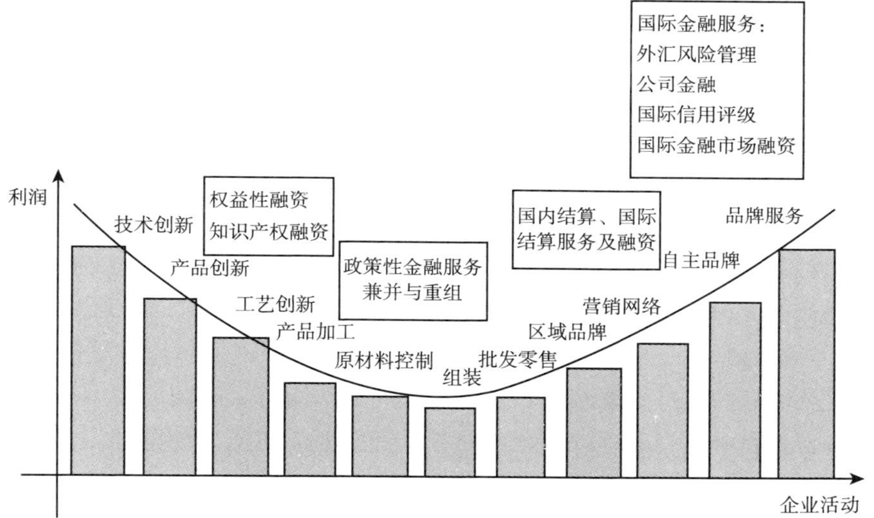

图 8－2　京津冀传统企业向价值链高端攀升的金融支持

资料来源：笔者整理。

（二）积极推进京津冀绿色金融改革

1. 协同研究因地制宜的配套支持政策

在积极争取国家政策支持或改革试点的同时，京津冀根据自身产业转移、承接和产业水平提升的具体需要，不断优化绿色金融发展环境。三地政府协同制定绿色金融发展规划，协同研究绿色金融创新改革及其实施细则，确保各类绿色金融政策发布和实施的连续性与稳定性。协同设立绿色金融专项资金，加大政府贴息、担保、保费补贴等财政政策以及税收优惠政策的支持力度。通过奖励、补助、补偿等激励约束机制，打消金融机构对于绿色金融投资的顾虑，引导和鼓励金融机构积极参与。细化各省市、各部门的分工以及金融管理等方面的配套支持政策。鼓励地方政府将当地环境保护情况与市县级主要官员的考核指标挂钩。

2. 完善绿色基础设施与组织体系建设

协同设立绿色项目库，建立绿色信用信息体系，实现绿色信息披露共享；通过京津冀协同财政支持，设立政府引导基金，建立风险分担补偿机制。京津冀协同进行环保立法、执法，健全环境保护的法律法规和实施细则，加强环保执法力度，对环境污染者实施法律法规约束。设立金融事业部及相关配套组织，组建由环保部门、工业管理部门和金融监管部门与第三方机构共同参与的信息共享机制，展开绿色金融对外交流合作。积极探索将环境污染影响、生态系统影响以及自然资源的可持续利用等因素纳入信用评价体系的绿色评级制度。

三、以普惠金融推动弱势产业发展，促进产业升级

“普惠金融”是由联合国在金融排斥的背景下首次提出来的，目前，在学术界还没有一个明确的、统一的定义。在我国，2016 年国务院印发文件《推进普惠金融发展规划（2016～2020 年）》中指出：普惠金融是指基于机会平等要求和商业可持续原则，以可承受的成本为有金融服务需求的社会各阶层和群体提供适当、有效的金融服务。其服务的主体为弱势群体，通常包括低收入者、小微企业、老年人和残障人士等特殊人群。2016 年后，京津冀三地政府分别发布了《天津市普惠金融发展实施方案》《普惠金融发展和民族贸易民族特需商品生产贷款贴息专项资金管理办法》《河北省普惠金融发展实施方案》，为各地普惠金融发展规划出明确的方向。京津冀三地经济产业结构和水平存在很大差异。尤其是处于“环京津贫困带”的河北省的 25 个贫困县、200 多万贫困人口，更是普惠金融的扶持重点。京津冀三地中，北京作为全国的金融决策、监管、信息、服务、运营和交易中心，拥有强大的总部金融资源和众多的金融机构，为普惠金融发展提供了强有力的支持。天津市相对于河北省而言，金融资产在金融市场的占有份额较大，企业融资较为容易，金融效率较高。河北省的金融市场发展程度不高，资金流量较小，金融服务水平质量远远落后于北京市和天津市。在京津冀区域河北省属于农业大省，发展现代农业是国家产业升级和现代化建设的保障。相比于其他产

业，农业经济主体处于产业价值链的低端——低附加值、低收益，其资金回报周期长、成本投入高、回报率低，处于融资的弱势地位，存在农业基础设施薄弱、农民科技吸纳能力低和农业创新薄弱等问题。因此，发展普惠金融，推动京津冀三地产业协同发展，特别是河北省贫困地区脱贫（本节普惠金融主要针对此薄弱环节），京津冀金融生态协同创新迫在眉睫。

金融生态优化过程往往伴随着金融发展方式的转变。提高金融的可得性和覆盖面，消除金融歧视，提高金融资源配置效率，才能更好地促进产业结构优化和产业水平提升。

（一）完善与落实普惠金融相关的政策法规和制度

完善的法律环境是一切活动开展的前提与保障，对于金融经济活动而言则更加重要，可以说没有法律的保障，金融活动就无法正常有序地进行。依据纳克斯的贫困理论，贫穷的人大多数都集中在农村和偏远地区，而这些地区往往存在很严重的信息不对称问题。京津冀三地政府和金融机构在落实国家普惠金融政策的基础上，协同制定一套普惠金融的政策法规十分必要。

顶层授权，建立试点，发挥基层政府的作用，通过政府引导、因地制宜，探索有针对性的法律规范，构建高效、精准、公平的农村政策化金融法制体系；将保险公司与商业银行纳入区域商业金融共同管理范畴，农村金融机构与保险机构进行合作，通过信息共享等形式缓解金融市场的信息不对称问题，降低金融产品风险，试建具有统一标准的农村商业化金融法制体系；通过协同手段合理分配各参与主体的利益；通过政策激励手段，调动各种金融中介积极参与农村金融。

尝试逐步放宽农村普惠金融市场的进入标准，积极培育民营银行和创新型银行等金融机构，丰富农村金融的参与主体。实行差别化准入标准、财政补贴或减免税收等政策，吸纳更多的小型金融机构服务农村金融，增加农村金融有效供给。转变政府职能，以市场为导向，设立预警、隔离系统，引入存款保险制度等方式做好风险预防措施。先行先试创新的技术手段（例如，区块链技术），提高农村金融监管能力，实行智能化和实时化监管，从根源上防范金融风险。

（二）协同推进普惠金融基础设施建设

金融基础设施建设是否完备直接影响到普惠金融开展的深度与广度。如果把金融基础设施比喻为“路”，那么，普惠金融就是“车”。只有路基结实，路面宽广，车才会跑得又稳又快。金融基础设施建设主要从金融市场、金融机构、金融从业人员等方面着手。随着金融生态系统的成熟与完善，保险市场和证券市场在金融支持产业升级中的作用越来越不容忽视。与北京市和天津市相比，河北省的保险市场和证券市场发展不完善，政府应该加大对河北省该方面的扶持，这有助于普惠金融在京津冀区域的均衡发展。三地政府应该鼓励金融机构的建设（如图 8 -3 所示），尤其是在农村与偏远地区的建设。北京和天津的金融机构数量在国内各省市来看排名都比较靠前，但是相对来说，河北省的金融机构数量则是较少的，三地在金融资源上存在着不均衡的配置，最终会导致普惠金融发展的不协调，应当协同增设河北省的金融机构，协同推行金融政策倾斜，调动不同金融供给主体的比较优势，有效解决农村金融服务和产品缺失、信用环境差等根深蒂固的问题，有力推动农村金融创新，加速农业现代化和产业转型升级。

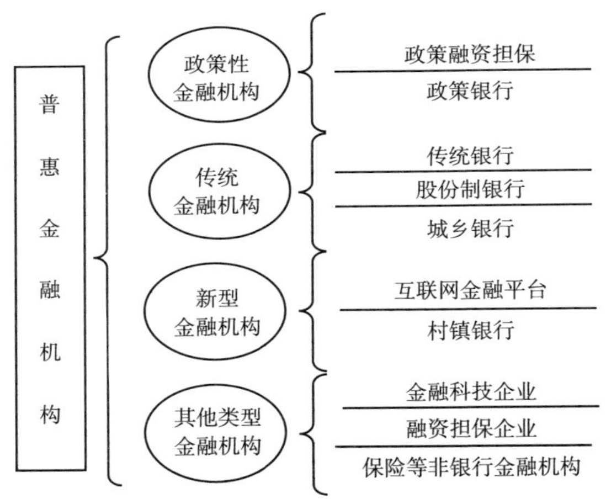

图 8 -3 京津冀普惠金融机构多元化发展

资料来源：笔者整理。

第二节 协同优化金融生态结构驱动京津冀产业升级

协同论是一种复杂系统理论，与耗散结构理论、突变理论并列成为非平衡系统理论三大流派。于 20 世纪 70 年代，由德国物理学家哈肯（Hermann

Haken，1972）提出，融合了自然学科和社会学科的元素。哈肯认为，协同作用是系统有序结构形成的内驱力，能使系统在临界点发生质变产生协同效应，使系统从无序变为有序，从混沌中产生某种稳定结构。基于此逻辑，京津冀金融生态协同就是诸多子系统的相互协调的、合作的或同步的联合作用和集体行为。广义地讲，元素之间联系方式的总和即为系统的结构。金融生态系统虽存在金融与其生存发展的环境之间的互动关系，强调环境对金融的影响，但同样遵循系统科学的结构理论。

依据美国哈佛大学金融学教授罗伯特·莫顿（Robert Merton，1995）的观点，从金融系统发展进程的角度看，金融功能比金融机构更稳定，机构间的竞争和金融技术的创新导致整体金融系统发挥其功能的效率不断提高。在不同的时期、不同的技术条件下，行使某一金融功能的最佳机构是不同的。最优金融生态结构会随着不同时期经济发展状况而动态调整。

一、金融生态优化的主要表现

从金融生态在不同的阶段所发挥的功能来看，金融生态的优化主要表现在如下六个方面：一是在不同地域、不同时间和不同主体间灵活地调动、配置和使用各种经济资源；二是提供清算和支付结算服务；三是通过一定的方式实现资源聚集和企业所有权分散机制；四是通过多元手段分散、转移和管理风险；五是为经济体系中分权决策的主体提供价格信息；六是解决激励问题或委托——代理问题。

（一）灵活地调动、配置和使用各种经济资源

为生产与投资筹集充足的资源是进行产业升级、提高生产效率、促进经济发展的必要条件。在资源的配置过程中，要通盘考虑各种潜在的困难，如项目回报的信息不对称、经营者实际经营能力的不确定性、生产率风险。单个投资者很难对企业、经营者、市场条件进行评估。金融生态的优势在于提供一种与投资者共担风险的机制，通过金融中介的专业服务，动员更多的主体参与，进行风险分散、风险管理、项目评估，提高社会资本的配置和使用效率。

（二）提供清算和支付结算服务

现代支付系统与现代经济增长是相依相随的。一个有效的、适应性强的

支付和交易系统可以大大降低社会交易成本，促进社会专业化发展，促进生产效率的提高和技术进步。

清算和支付结算助推产业升级的作用表现在：避免经济主体为完成支付而耗费不必要的时间、金钱和精力，加速社会资金流通，提高资金使用效率，为经济主体进行产业升级腾挪时间和精力；加强金融市场有机联系，改善金融服务，推动金融创新，为经济主体进行产业升级寻找信息与机会；通过提供必要的资金转移机制和风险管理机制，促进各类经济金融活动稳定运行，为经济主体进行产业升级提供稳定的金融环境。

伴随着支付结算工具和方式的不断创新和丰富，经济主体对结算方式的需求不再仅局限于单纯的结算，而且逐渐延伸至融资、担保、账务管理、信息咨询等领域。

（三）实现资源聚集和企业所有权分散机制

将无法分割的大型投资项目划分为小额股份，以便中小投资者能够参与这些大型项目进行的投资。通过细化股权，实现对企业及其经理人员的监督和管理。股权高度分散化和企业经营的职业化是现代市场经济中的一般组织安排。这种组织安排往往存在信息不对称问题，投资者难以对资本运用进行有效的监管。金融生态提供了一种有效机制——通过外部投资人的作用对企业进行严格的监督，从而使外部投资人的利益得以保护。例如：企业因投资大型项目而进行筹集资金时，选择通过证券市场公开发行股票或债券募集项目资金。但是，企业若想获得募集资金的机会，必须完成证券交易管理部门的信息披露。信息披露降低了投资者与企业之间的信息不对称程度。如果是采用发行股票融资，总股本规模扩大，则原有企业内部投资人的股本在总资本中所占的比例降低，分散了企业的所有权，从而使外部投资人的利益得以保护，加强了金融生态的良性循环。

（四）通过多元手段分散、转移和管理风险

由于存在信息不对称和交易成本，金融生态需要发挥分散、转移和管理风险的功能。风险管理要求金融生态为中长期投资的不确定性进行交易和定价，从而发挥风险分担机制。

以处理系统性风险的跨期风险分担为例，金融中介机构利用自身从事跨期风险管理方面的优势可以采用两种方式：一是跨代际的风险分担，即将与

一定存量资产相关的风险分散到具有不同经历的各代之间；二是通过资产积累减少随时间推移而产生的消费水平的波动。

（五）为经济体系中分权决策的主体提供价格信息

金融生态释放的信息，一方面，可以使投资者获取各种投资品种的价格及影响这些价格变动的信息；另一方面，筹资者也能获取不同融资方式相关的成本信息，从而更有效地促使投资者与筹资者双方形成公允的均衡价格。此外，管理部门能够掌握金融交易是否正常及各种规则的遵守情况，从而使金融生态链条中的不同参与主体能够做出自主决策。

运作良好的金融生态，允许投资者或者筹资者选择更好的时机、更好的方式、更合适的交易对手，从而提高投资者或筹资者的经济福利，激发金融主体参与金融生态活动的积极性。

（六）解决激励问题或委托—代理问题

在经济运行中相互交往的经济主体的目标或利益不一致，各经济主体的目标或利益的实现不仅受到其他经济主体的影响，还受到他们自身所掌握的信息的影响。在金融生态循环过程中，激励问题就成为不容忽视的重要问题。例如：现代企业中所有权和控制权的分离就产生了激励问题。在不同的经济体制和不同的经济环境中，激励问题的解决方法各有不同。其中，金融生态可以提供股票、股票期权来解决激励问题。通过让企业的管理者或员工持有股票或者股票期权，使他们的行为不再与企业所有者的利益相悖，促使管理者或员工努力提高企业的业绩，这样有利于解决委托—代理问题。

二、金融生态结构优化及其促进产业升级的运作机理

本书将金融生态系统定义为由金融主体（包括金融交易主体和金融机构）及其环境组成，各种金融生态主体为了生存和发展，与其生存环境之间及内部之间长期相互分工、合作而演化形成的具有一定结构特征，并能自动调节的统一整体（见本书第一章第一节）。金融生态系统的结构主要由金融中介、金融交易主体和金融市场构成（见图8－4）。

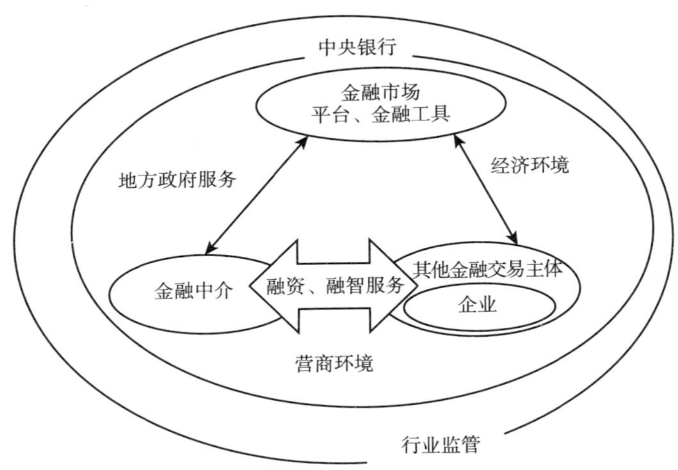

图 8-4 金融生态结构示意

金融生态结构促进产业升级的运作机理在于：金融中介通过金融市场向肩负产业升级使命的企业所提供的融资与融智等金融服务具有不同的特征，致使其作用于实体经济的机理和效果也存在差异。而且不同产业内具有不同特征的企业所需的各类金融平台、金融服务、金融产品的类型和数量也有所差异。据此，不同金融生态结构对产业升级发挥着或促进或阻碍的不同程度的影响。正如习近平总书记在 2017 年召开的全国金融工作会议上所强调的，做好金融工作要把握好回归本源、优化结构、加强监管等重要原则。优化结构即完善金融市场、金融机构、金融工具体系。要坚持质量优先，引导金融业发展同经济社会发展相协调，促进融资便利化、降低实体经济成本、提高资源配置效率、保障风险可控。本节我们主要从金融体系（中介）结构、金融市场结构两个方面来探讨金融生态结构促进产业升级的运作机理。

产业升级包括产业结构的升级和产业水平的升级，其主线是提高生产率。其中，产业结构的升级，是第三产业占比的提高；产业水平的升级是内在高技术含量生产力的提高，表现为一个企业通过持续进行技术创新实现自我升级，或者中小企业不断壮大，引发优胜劣汰，淘汰落后生产力的过程。生产性技术水平的提高将驱使产业向知识集约化方向发展，提高整个产业的知识密集程度从而推动工业从低附加值传统产业转轨为高附加值的高技术、战略性新兴产业，进而提高经济增长强度。产业升级意味着可以从三次产业内部寻找更细化的指标，既可以针对具体产业、行业，也可以针对某一细分领域或者某一类产品的生产企业提高生产率。

三、提升京津冀金融机构结构与产业升级的匹配度

我国的金融机构结构是以商业银行为主体的多层次、多元化的金融机构体系（见表8－1）。随着国内外经济环境的变化和信息技术、数字技术的成熟，金融机构的综合化和虚拟化发展趋势明显，金融机构结构越来越多元化。

表8－1　不同类型的金融机构及其职能

一级分类	二级分类	职能描述
银行性存款类金融机构	国有（或国有控股）六大商业银行	由国家（财政部、中央汇金公司）直接管控的大型银行。以雄厚的资本优势服务国家大中型建设项目和产业项目，包括中国工商银行、中国银行、中国农业银行、中国建设银行、中国邮政储蓄银行、交通银行
	其他股份制商业银行	采取股份制形式的现代企业组织架构，成为银行业不可或缺的重要组成部分。目前全国共有12家
	城市商业银行	其前身是20世纪80年代设立的城市信用合作社，业务定位是为中小企业提供支持，为地方经济搭桥铺路，为广大市民提供金融服务
	农村商业银行	为辖内农民、农村工商户、企业法人和其他经济组织共同发起成立的股份制地方性金融机构，主要为县域农民、农业和农村经济发展提供贷款服务的金融机构
非银行性存款类金融机构	信托公司	从事经营信托业务的金融机构
	金融租赁公司	从事以经营融资租赁业务为主的金融机构
	金融资产管理公司	从事收购、管理和处置金融机构、公司及其他企业（集团）不良资产，兼营金融租赁、投资银行等业务的金融机构
	小贷公司	从事经营小额贷款业务的有限责任公司或股份有限公司，不得吸收存款
证券业金融机构	证券公司	从事证券投资管理业务的企业法人
	基金公司	从事证券投资基金管理业务的企业法人
保险业金融机构	财产保险公司	从事经营财产损失保险、责任保险、信用保险、短期健康保险和意外伤害保险等财产保险业务的保险公司
	人身保险公司	从事意外伤害保险、健康保险、人寿保险等人身保险业务的保险公司
交易类金融机构	金融资产交易所	从事信贷资产、信托资产登记、转让以及组合金融工具运用、综合金融业务创新的金融资产交易市场

资料来源：根据中国人民银行《金融机构编码规范》整理而得。

金融机构结构属于顶层设计，但是，京津冀政府可以通过政策搭台，引导各种金融机构共同构建同域化金融服务，来配合落实京津冀协同发展的国家战略；引导各种金融机构根据战略发展和市场形势，积极在组织架构上做出创新和优化。如在京津冀区域建立生态绿色一体化示范区，与金融机构积极探索跨区域管理体制，围绕区域发展特点构建专业的服务机构和团队（专业人员从三地进行抽调组合），在管理体制上探索尝试，推动各种金融机构金融服务真正实现协同化。

（一）引导各种金融机构共同构建同域化金融服务

第一，打破过去各种金融机构不同区域条块分割的传统经营管理模式。比如有些公司，其总部在北京，但投资项目或者分公司在天津或者河北，以往，北京市分行的金融服务就只能服务其总部，现在通过同域化金融服务，我们把京津冀区域视为“同城”，金融服务的手臂延伸到过去所说的异地，从而服务于整个区域项目，起到更高效地服务于企业和其他客户的作用。

第二，京津冀金融机构协同提供更为便捷的企业金融操作。以银行结算业务为例，简化企业与企业之间的汇兑业务，以往相对于北京市而言，天津市、河北省均算异地，企业之间的汇兑环节要收取手续费，现在我们在京津冀区域内将客户的汇款转账视同本地一样减免手续费。再以银行的资产业务为例，针对贷款客户的异地抵押物，采取与当地分行协同办理的方式，从而简化抵押手续，提升企业融资效率。

第三，以同域化金融服务助力企业走向全国。实体经济的发展包含很多产业链，这些产业链能够延伸到全国各地。很多公司的总部在京、津、冀的某一地，但它的产业链分布在京津冀区域，甚至在京津冀区域以外。过去金融机构采取“一家做全国”模式，一家分行为服务客户需要派员工出差跟进到全国各地，为此，耗费很多人力、财力、物力。以后，金融机构可以尝试“全国做一家”，即项目所在区域的分支机构都协同来服务一家客户和它的产业链，并逐步将这样的服务方式推广到全国，以同域化的金融服务，为企业在京津冀地区的产业升级乃至全国的产业链布局做好服务支撑。

第四，根据京津冀不同区域内的主导产业来制定差异化的行业准入标准和授信政策，以此来有效防范信贷风险。金融机构积极支持从业人员加强对高端先进技术和领域的掌握与了解，争取在不同行业都能有金融机构自己的风险评估和管理专家。

（二）协同创新风险控制机制，为产业升级保驾护航

以银行为代表的各种金融中介，其基本功能在于能动员资本、筛选项目、监管管理层和管理风险。以京津冀传统企业向价值链高端攀升为例（如图8－2所示），处于技术、产品、工艺创新阶段的研发类项目由于与未来的利润回报的数量和企业活动有关，而企业活动又与资金、智力、时间等要素的投入息息相关，因此，其内在价值往往难以评估。在一个信息不对称的环境中，尤其显得困难，而金融中介的抵押和清算安排不仅能够保护投资者的权益，也有利于克服由信息不对称导致的逆向选择和道德风险，促进金融资源的配置效率，助推京津冀产业升级。

依托京津冀产业布局，筛选核心企业和攻关短板技术清单的企业，开展重点金融服务。结合企业所在的行业特点、服务场景，以及企业的具体活动（见图8－2），为其提供多层次、有针对性、差异化的金融服务方案，深度嵌入各活动、交易环节，实现与核心企业的有机融合。鼓励银行开展还款方式创新，建立适合传统产业科技融资特点的授信模式。加快科技系统改造升级，在符合监管要求的情况下，充分利用互联网技术，为传统产业中的科技研发企业提供高效、便捷的金融服务。

金融机构应当不断提高敏感度与行业嗅觉，善于发现符合未来发展趋势的新经济载体。在普惠金融、消费金融、农村金融等领域探索创新产品与服务，构建去中心化的未来智慧服务场景，推动新金融与新经济同频共振、同向发力。

伴随着科技发展向智能化迭代，金融机构要善于运用“大数据”“区块链”技术。在产业升级的过程中，金融机构要重视深层次的企业效能需要，落实对企业深层次的服务质量及服务效率的匹配。

（三）引导银行业金融机构与第三方合作的合规化

金融是现代经济的核心，银行作为重要的金融中介对经济增长具有非常重要的影响。但是，近年来，民间融资、影子银行等的活动相当活跃。各种各样的金融机构、资产管理公司、小额贷款公司、融资担保公司、典当行及互联网金融等新兴金融组织或金融业态积极参与到金融领域当中。例如：大型或国有企业把从商业银行获得的信贷资金投资或出借给地方性金融组织或业态，而地方性金融组织或业态又将该资金贷放给非正规金融领域；民间资

本借道伞形信托、“互联网+”P2P等新兴金融组织或业态进行配资；网络借贷平台积极与银行业金融机构合作发展助贷业务以寻求转型。严格来说，上述三例中与银行业金融机构合作的“第三方”客观上风险控制能力缺乏、内部控制规范不足。这些“第三方”，为了提高金融参与度、扩大资金使用规模、增加服务收费收入，在具体业务操作中甚至有意降低授信审查标准、提供违规担保、承诺刚性兑付，有的还与借款人恶意串通骗取贷款，而这些操作都或多或少违反了金融监管法律规范。这些违规现象的出现，根本上是源于金融抑制下利率、汇率等资产价格扭曲，金融市场准入过度管控下的资源供需不匹配、激励相容机制不健全等问题。一方面是充裕的资金，另一方面是迫切需要融资的企业，大量资金却借道商业银行等正规金融机构，通过“影子银行”来满足身陷融资难、融资贵的中小企业或国家限制资金流入的行业。如何处理好“第三方”参与金融活动的积极性与金融监管法律规范之间的矛盾？如何在有效厘清中央与地方各自金融监管权限的基础上，实现京津冀区域金融监管权在横向上的相对集中？京津冀金融生态协同创新区域金融监管的治理就十分必要了。推动金融租赁公司规范发展，为制造企业、产业科研所开展科技研发和技术改造提供大型设备租赁服务；支持发展科技小额贷款公司，为中小制造企业技术投入提供贷款服务；积极推动产业金融结合，支持符合条件的大型制造企业集团按规定设立财务公司，强化其为集团科技研发提供金融服务；指导和推动地方科技部门、高新园区、金融机构和中介服务机构建立传统产业科技金融服务中心等多种形式的服务平台，推动创业投资、银行信贷、企业改制服务、融资路演、数据增值服务、科技项目管理、人才引进等方面的联动合作，为传统产业提供全方位、专业化、定制化的投融资解决方案。

四、理顺金融市场结构的运行机理

伴随着金融市场的国际化，金融市场的结构内涵越来越丰富。从不同的维度观察，金融市场的结构有不同的切分，本章我们从企业融资方法（债务市场和股权市场）、金融产品的交易程序（一级市场和二级市场）、所交易证券的到期期限（货币市场和资本市场）三个维度进行切分对京津冀金融市场结构做深度分析。斯塔尔兹（Stulz，2000）认为，金融市场能够在投资前对该项目生产出足够的信息，并在过程中进行有效的监控（如信息披露制度设定等），从而提升研发投入，进而影响实体经济的创新。乔杜里等（Reza H. Chowdhury et al.，2012）认为，在一个有效金融市场中，金融市场的各种活动对于技术创新到实体经济增长率的传导作用是非常关键的。因此，处于一个良性金融生态链中的金融市场，能有效引导和支持技术创新，进而带来产业升级。

从风险分散角度，艾伦和盖勒（Allen & Gale，2000）认为，金融市场提供了丰富多样的金融工具、金融产品和服务，投资者可根据自身的风险偏好进行选择和搭配，并将资产分配到多种产品中，从而较好地实现跨部门风险分散，鼓励更多的外部资金进入金融市场。林毅夫等（2009）根据新结构经济学的研究思路提出了金融市场的最优结构理论，即金融市场根据自身的比较优势进行职能分工，有效满足在不同产业结构中的经济主体因其不同的企业规模、技术创新、风险特征而形成的对金融服务在配置资金、降低风险等方面的特定需求时所处的金融结构。

（一）产业结构差异与对金融服务的特定需求

根据新结构经济学的研究观点，不同的产业结构表现为不同的最优企业规模、交易复杂程度与风险种类。劳动密集型、资本密集型与技术密集型产业中的不同企业，在其风险特征、规模大小和技术创新程度等方面是迥然不同的。

从风险特征方面观察，企业自身的风险有三种类型：一是技术创新风险，即新工艺能否成功的不确定性和在研发过程中产生的危险或伤害情况等；二是产品创新风险，即市场对产品认可的不确定性；三是企业家风险，是指管理者经营情况的不确定性。

具体而言，劳动密集型产业主要依靠重复作业，对设备和技术的依赖程度较低，产品较为同质，缺少创新，技术和产品创新风险较小；资本密集型产业具有生产设备和技术装备多、资本投入大、规模生产等特点，通常规模较大，技术和产品创新风险比劳动密集型产业有所提高；技术密集型产业的特点就是尖端、复杂的科学技术在生产中占据主导地位，其中的技术、产品创新风险和企业家风险相比劳动密集型和资本密集型企业而言最高。

（二）金融市场结构的比较优势

1. 债务市场与股权市场

企业从金融市场获得资金有两种最常见的方法：债务融资和股权融资。

债务融资即发行债券或者抵押票据等债务型工具。这种债务型工具是一种契约性协定，借款者承诺定期向债务工具的持有者支付利息和本金。债务工具的到期期限分为短期（一年以内）、中期（一年到十年）、长期（十年以上）。股权融资即发行股票，如普通股，这是对一家公司的净收入（扣除费用和税款之后的收入）和资产的索取权。发行者通常向其持有者定期支付股息，而且由于没有到期期限，它被看成长期“债券”。

在交易成本方面，抵押票据相对于股票和债券具有绝对优势。同样是债务市场发行债券或者抵押票据也有差异，一般而言，监管部门对债券的发行、交易和转让方面有严格的规定，交易成本相对于抵押票据较高。企业抵押票据不需要向除了抵押银行（或其他金融机构）之外的非相关主体公开披露信息，这有益于企业商业机密的保护，节约了“隐性”交易成本。

在风险方面，投资者以购买股权的形式将资金提供给企业，其持有股票期间所获得的收益是不确定的；同时，在企业破产或清算时，股东对剩余财产的分配被安排在债权人之后；此外，众多拥有绝大多数分散股权的小股东不能参与企业的日常经营，可能存在利益被大股东或经理人损害的可能性。上述情况决定了股票投资的高风险性。作为融资方的企业，想要从股票市场获得融资就必须对投资者所承担的高风险做出补偿，除了支付具有吸引力的投资回报，另一个可行的做法就是加强信息披露，降低信息不对称以减少投资者顾虑。由于信息披露需要聘请审计机构、金融中介、法律顾问等，因此，不得不支付高额交易成本。

从融资主体的角度，大企业具有规模效应，信息披露的单位成本比小企业低。大企业在财务报表的完善性、信用记录的连续性、市场声誉方面，都优于小企业。从而具有相对更弱的信息不对称和更低的交易成本。在总交易成本既定的情况下，大企业能够获得更大的融资规模，从而获得更低的边际交易成本。大企业在金融市场通过发行股票或债券融资具有比较优势，而小企业则更适合通过抵押票据获得发展资金。

莱文（Levine，1991）认为，由于研发过程中的不确定性，企业在技术创新投资时面临着跨期风险的威胁，但金融市场能够对风险进行跨期分散，这将促使企业选择更加专业化的技术，也会使企业技术创新的成功率得以提高。赫素（Hsu，2014）发现股票市场相对发达的国家里，那些更依赖外部融资的企业表现出异常高的创新水平。因此，在为技术风险与产品风险“双高”的高科技企业提供融资时，股权市场比债务市场更具有比较优势。股权市场允许大量分散投资者对企业项目和风险形成不同的评判和接受度，高风险特征的科技类企业在股权市场上更容易受到认可，从而获得融资，并且不必对短期的投资者报酬存在过多顾虑。

此处，对最优金融结构的探讨实质上是对金融资源在债务市场和股权市场之间最优分配比例的探讨。

如前所述，伴随着企业规模由劳动密集型向资本、技术密集型企业转变，企业的经营风险一般也随之不断攀升。在这个转变过程中，企业逐渐实现产业转型或产业水平升级，继而支持企业进行产业升级的融资渠道或融资方式都在逐渐发生变化。以下以传统制造业为例，对不同阶段企业的最优金融市场结构进行分析（如图8－5所示）。

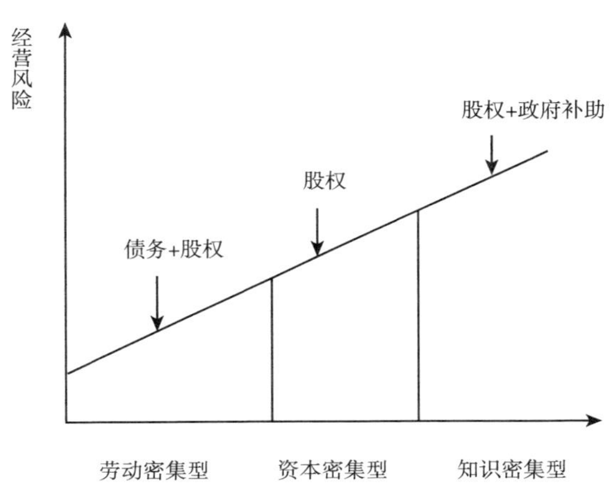

图8－5 基于企业生命周期视角产业升级融资渠道示意

京津冀地区劳动密集型制造业企业市场竞争能力低，虽然经营风险小，但是企业利润空间十分有限。在股权市场上对投资者的吸引力偏弱，权益投资的科层治理机制发挥作用的空间受到挤压，在股权市场中融资活跃度小；而债务融资能够向投资者提供分期固定收益，且企业可以将每期利息计入成本，在税前扣除，所以债务融资对劳动密集型制造业企业转型升级是有比较优势的。

相较于劳动密集型制造业企业，京津冀资本密集型制造业企业的市场竞争活跃度提升，企业的利润空间加大，随之而来的高收益的可能性会吸引投资者投资，股权市场融资活跃度会有所增强。

京津冀地区技术密集型制造业企业的市场竞争最为激烈，为了持续保持其市场竞争地位，需要进一步加大研发投入，以便开发新产品，突破新技术，提高产品的生产效率，企业利润的不确定性增强。若研发成功，市场推广顺利，企业则能获取很高的利润；相反，若研发失败或市场推广受阻，前期的研发投入就无法挽回。由于期限以及预期收益的不确定性，债务市场的投资者望而却步，即使投资，也会对资金的使用范围做出限制，这些约束会抑制企业进行产业转型或产业升级。此时，若引入政府资金，会降低股权市场投资者对企业的风险预期，向股权市场传递企业经营良好的信号，产生“示范效应”，吸引更多的投资者对企业进行投资，政府与市场的双向引导作用会进一步激发企业进行产业转型或产业升级的动力。

对于京津冀科技创新企业而言，债务市场和股权市场因对于创新项目收益权的不同而导致对项目选择的倾向性不同。债务市场主要是固定的收益索取权，所有中介机构最为关注的问题是如何使其投资或贷款风险最小化，而股权市场通常关注企业的价值和增长潜力最大化。实际上，债务市场和股权市场分别提供了不同的服务。债务市场在面对标准化金融服务、短期、低风险、较强抵押的承受者时，对减少市场摩擦成本具有相对优势，而股权市场则在客户定制化安排、创新服务、长期、高风险等无法确定的项目上更有效率。针对京津冀产业升级的内在需求，加快京津冀地区股权市场建设，有利于提高产业升级的实际效率。

京津冀产权市场联盟于 2017 年 7 月 18 日在北京市成立，标志着京津冀区域初步成立了统一的股权市场，旨在通过京津冀区域性股权市场的合作，加强三地企业之间的深度交流和跨区域合作，降低三地的产业梯度，增加知识溢出、产业溢出的可能性。然而，京津冀地区的股权市场建设任重道远，相比于长三角区域和粤港澳大湾区，股权市场的市场规模、市场活跃度以及对企业的实际支持效果方面都存在很大的差距。在京津冀区域内部，股权市场的融资支持也存在着明显的地域不平衡现象。北京市作为金融发展中心，无论是制造业还是科创企业的上市公司的数量均处于国内领先水平，且不少证券公司都将其总部设立在北京市，北京市的股权市场处于国内领先水平。随着天津市滨海新区的成立，天津市股权市场也渐趋完善。河北省与北京市、天津市两地相比，股权市场较落后。在京津冀协同发展布局中，河北省承担者北京、天津制造业的承接任务。总体而言，河北省资本密集型制造业企业较多，而且这些企业都在努力转型升级为技术密集型企业。因此，河北省股权市场的融资需求更大，无论是培育新型科技企业以优化产业结构，抑或是促进京津冀地区资本密集型制造业企业转型升级，无论是从补短板还是提升京津冀产业升级效率的角度，在京津冀产权市场联盟运转过程中，都应该考虑优先、重点扶持河北省股权市场建设，完善河北省股权市场对传统制造企业和新兴科技企业的支持措施，加强河北省股权市场对实体企业的支持力度。可以以雄安新区的建设作为契机，充分利用雄安新区的区位优势和功能定位，三地股权市场依托京津冀产权市场联盟探索尝试投资控股、相互参股的形式，在股权上形成紧密的合作关系，引导股权市场加强与河北地区的合作，协同发挥股权市场的创新作用，带动债务市场（信用贷款、抵押贷款和债券）和保险资金投资等方面向河北省倾斜，从而实现产业链、投资主体、中介机构、数据信息等要素资源的共享联动，均衡分布创新要素资源。

2. 一级市场新工具的开发和二级市场的经济行为

按金融产品的交易程序划分，金融市场的结构由一级市场和二级市场两部分构成。

一级市场是新发行证券，并将其出售给初始购买者以获取资金的金融市场。证券出售给初始购买者通常都是在内部进行的。在一级市场上协助证券初始销售的金融机构是投资银行（或证券公司）。一级市场的主要功能是筹资、投资和实现储蓄向投资的转化。以股票发行为例，如本书第四章第一节所述，在沪、深主板市场，京津冀上市公司行业构成具有自己的特色，各行业之间分布极不平衡。京津冀地区上市公司数量最多的前三个行业分别是制造业、信息业和房地产业。无论是从京津冀地区整体，还是从京、津、冀各自内部空间分布来看，京津冀地区上市公司总部都表现出明显的地域不平衡性。尤其是河北省与北京市和天津市相比，无论是传统企业还是新兴企业在发行市场的上市家数、融资规模等方面差距很大，反映出了区域经济的极端不平衡。在主板核准制 IPO（首次公开发行制度）和科创板注册制 IPO 的条件下，需要京津冀金融生态协同创新孵化和辅导更多的京津冀企业通过上市融资获得产业升级需要的资金。鼓励和支持相关部门优化工作流程，提高发行效率。为满足不同发展阶段和不同培育成熟程度挂牌公司的需要，区域性股权市场科创板设精选层、培育层和基础层，股交中心将根据相应层级标准以及企业挂牌期间经营变动、股改和合规守法等情况适时调整挂牌公司所属层级。优先支持传统制造类科技型企业上市、再融资和并购重组，鼓励支持本地中小科技型制造企业通过创业板、科技板再融资。抢抓上海证券交易所科创板并试点注册制的战略机遇，在省区域性股权市场设立科创板，作为全省科创企业对接上交所科创板上市的“孵化器”推动符合条件的新技术、新产业、新业态、新模式的企业挂牌发展，通过挂牌培育、孵化，为上交所科创板输送上市资源。鼓励发展天使基金和风险投资，支持科技型初创企业和科技研发类项目。对符合条件的传统企业发行债务融资工具的，鼓励中介机构适当降低收费，减轻科技企业的融资成本负担。鼓励技术升级企业利用债券市场融资，通过发行企业债、公司债、短期融资券、中期票据、中小企业集合票据、中小企业集合债券、小微企业增信集合债券、中小企业私募债等产品进行融资。以京津冀金融公共服务平台为依托，为企业提供包括直接投资、辅助上市、发行企业债券等综合性金融服务，解决企业融资难的问题，助力企业转型升级。

二级市场是交易已发行证券的交易市场。二级市场的主要功能是为金融工具提供良好的流动性，为投资者提供投资机会，为社会提供经济运行的信号。二级市场为各种不同期限的金融工具提供了以合理价格迅速变现的机会。二级市场上金融工具价格（利率、汇率、股票或债券价格）的变化，也是一国宏观经济以及国际社会政治经济关系运行态势的反应器。二级市场能够提供流动性。金融工具的流动性越强越有利于金融工具价值的实现，从而便于发行证券的企业顺利地在一级市场完成发行任务。此外，通过二级市场发行价格的功能，给企业在一级市场再融资提供价格参考。证券在二级市场上价格越高，发行公司在一级市场上出售新发证券的价格就越高，从而能够筹集到越多的资金，因此，证券发行公司应该能更多地关注影响二级市场金融工具价格的经济行为，例如：完善京津冀区域上市企业的信息披露和管制，以提高企业进行内部控制的积极性，从而促使企业规范性经营并提高其资金配置的效率。

3. 货币市场与资本市场

按照金融市场、中介所交易证券的到期期限来划分，金融市场由货币市场和资本市场构成。货币市场是交易短期债务工具（到期期限通常在一年或一年以下）。资本市场是交易长期债务工具（到期期限通常为一年以上）或股权工具的金融市场。企业通过货币市场融资具有融资成本低、融资手续简便的特点。但是，企业在产业升级过程中的资金需求更倾向于长期性和规模的待定性。由于企业的资金需求与货币市场的资金供给存在期限和规模的错配，使得很多企业更多地在资本市场上寻求融资机会。但是，在资本市场上融资不仅需要具备相应的条件，而且获得资金的周期长，存在制度性融资约束缺陷。有些企业由于融资的门槛条件或融资的时间周期而错失了技术升级或市场推广的最佳时机。一方面，优序融资理论认为，企业的经营管理者在选择外源融资时，会因为优先考虑可能由于信息不对称造成的成本，因而更倾向于通过短期债务进行融资，之后才是选择长期债务或股权进行融资；另一方面，我国金融市场还不够成熟，企业的融资渠道相对单一，长期处于主导地位的银行是资金的主要供给方，为规避信息不对称导致的逆向选择和道德风险行为，银行往往更倾向于提供短期贷款以控制信贷风险，减少长期贷款。因此，京津冀可以在国家相关政策和法律的框架内，协同创新货币市场的融资工具，用连续循环的数个短期融资工具（例如，连续的短期融资券），为企业提供长期融资。短融长投，会导致企业资产期限与负债期限错配问题。根据期限匹配理论，这种行为将给发行主体带来风险，当该项目在短期内很难有所收益，发行主体就会由于投融资期限错配而陷入财务困境。为此，京津冀相关金融办协同金融监管部门要严格监督、利用大数据技术实时跟踪发行企业的信用状况及变化。协同引导金融机构与企业深度合作，发挥融资 + 融智的高端金融服务功能，为企业提供专业的项目评估服务，科学拆分项目阶段性成果及其收益，衔接好上期与下期短期融资工具的循环交替点和循环周期，降低企业的融资成本与融资风险。

第三节　金融生态协同创新攻克产业升级的薄弱环节

一、居民收入水平、消费升级与产业升级

经典经济学理论用恩格尔效应和鲍莫尔效应解释了消费升级驱动产业结构升级的两种途径。所谓恩格尔效应是这样一个过程：随着居民收入水平的持续提升，高收入弹性的产品在整个消费结构中逐渐占主导地位，产业结构的高级化程度也随之增高。与低收入阶段对生活必需品的需求相比，高收入阶段对高端服务业和高技术类产品的需求会增加，即高需求收入弹性产品。消费者收入增加，温饱问题解决后，将会消费更多的高品质产品，其结果是高端服务业和高技术产业在经济中的比重持续扩大，产业结构持续优化。所谓鲍莫尔效应是指：如果某个行业技术进步，就会导致该行业的生产率提升，资本回报率随之增加，从而吸引更多的资本流入该行业。由于生产率的提升

会使得该行业不需要过多的劳动力，因此，劳动力被“挤出”该行业。而高端服务业和高技术产业往往就是技术进步速度较快的行业，伴随着大量资本的流入，使其及其相关企业规模持续扩大。根据恩格尔效应和鲍莫尔效应可以看出，技术进步的源动力是市场需求，消费升级会推动对高端产品的市场需求。居民收入增加引起的消费升级又会促使高端服务业和高技术产业的市场份额持续增加。因此，从市场需求角度出发，收入水平的提升是消费升级促进产业升级的根本途径。

（一）京津冀居民收入情况

由表8－2可见，2016～2019年，京、津、冀三地居民人均可支配收入连续三年增长。2019年三地的居民人均可支配收入比2018年分别增长了8.7%、7.3%、9.5%。从绝对量来看，三地当中，北京市的居民人均可支配收入最高，达到67756元；天津市次之，为42404元；河北省最低，是25665元，河北省与北京市的差距达到42091元，比全国平均水平还要低5068元。比长三角区域居民人均可支配收入最低的省份安徽低750元。相比而言，河北省的收入水平，在消费升级促进产业升级的进程中处于劣势。

表8－2　2016～2019年各地区居民人均可支配收入

地区	2016年	2017年	2018年	2019年	
	水平（元）	水平（元）	水平（元）	水平（元）	比上年增长（%）
全国	23821	25974	28228	30733	8.9
北京	52530	57230	62361	67756	8.7
天津	34074	37022	39506	42404	7.3
河北	19725	21484	23446	25665	9.5
山西	19049	20420	21990	23828	8.4
内蒙古	24127	26212	28376	30555	7.7
辽宁	26040	27835	29701	31820	7.1
吉林	19967	21368	22798	24563	7.7
黑龙江	19838	21206	22726	24254	6.7
上海	54305	58988	64183	69442	8.2
江苏	32070	35024	38096	41400	8.7
浙江	38529	42046	45840	49899	8.9
安徽	19998	21863	23984	26415	10.1

续表

地区	2016 年	2017 年	2018 年	2019 年	
	水平（元）	水平（元）	水平（元）	水平（元）	比上年增长（%）
福建	27608	30048	32644	35616	9.1
江西	20110	22031	24080	26262	9.1
山东	24685	26930	29205	31597	8.2
河南	18443	20170	21964	23903	8.8
湖北	21787	23757	25815	28319	9.7
湖南	21115	23103	25241	27680	9.7
广东	30296	33003	35810	39014	8.9
广西	18305	19905	21485	23328	8.6
海南	20653	22553	24579	26679	8.5
重庆	22034	24153	26386	28920	9.6
四川	18808	20580	22461	24703	10.0
贵州	15121	16704	18430	20397	10.7
云南	16720	18348	20084	22082	9.9
西藏	13639	15457	17286	19501	12.8
陕西	18874	20635	22528	24666	9.5
甘肃	14670	16011	17488	19139	9.4
青海	17302	19001	20757	22618	9.0
宁夏	18832	20562	22400	24412	9.0
新疆	18355	19975	21500	23103	7.5

资料来源：国家统计局住户调查办公室．中国住户调查主要数据（2020）[M]．北京：中国统计出版社，2020.

根据宏观经济理论，收入是消费的决定因素。在美国贸易保护主义抬头的国际形势和处在经济结构调整关键时期的国内形势下，传统“四驾马车”增长路径已经悄然发生改变，投资和出口的边际贡献不断减弱，消费作为经济持续增长的第一驱动力作用日益凸显。产业升级显然需要根据消费升级的变化顺势而为，结合京津冀区域不同地区的经济发展水平和劳动力禀赋存在较大差异的实际情况，综合施策，精准提高河北省居民可支配收入水平，激活消费升级，释放潜在需求，实现产业结构的优化升级。

综合考虑，影响京津冀居民可支配收入的因素有工资收入水平、经济发展水平、投资水平、工业化程度、城镇化程度、对外开放程度、金融发展水平和财政政策等。

（二）消费需求与产业升级

一般来讲，消费需求包括消费需求总量与消费需求结构，它的变化会对产业结构演变产生影响。一般而言，消费需求总量发生变化，消费需求结构也会相应地发生变化。消费需求结构的变动将直接导致生产结构与供给结构的变动，进而改变国民经济中某些产业的占比，带来产业结构演变与升级。产业经济学通常从结构变化与总量变化的角度来研究消费需求。一方面，从总量的变化角度分析，社会消费需求会伴随人口数量的增加而增长，同时，伴随人均收入水平的提高，公众消费需求还会进一步增长，因此，人口数量与人均收入水平均能对消费需求产生影响。另一方面，从结构的变化角度分析，消费需求结构产生改变也会引致生产结构与供给结构随之变动，进而导致产业结构产生改变。根据马斯洛的需求假说，可以将消费需求结构划分为三个阶段：第一阶段为“以生理需求为主的阶段”，处于这个阶段的消费重点以解决生理需求为主；第二阶段为“寻求方便和功能的阶段”，消费需求由追求温饱到追求某些非必需品，尤其是耐用的消费品；第三阶段为“追求时尚和展现个性的阶段”，这就向第三产业提出了更高的要求。体现在产业结构上，这三阶段便是农业—基础工业—高附加值工业—服务业的演变轨迹，即产业结构的升级。

（三）京津冀居民消费需求的金融扰动项

产业升级推动经济高质量发展的最终目的是增加国民收入水平、从根本上提升国民的福利水平。如前所述，收入水平的提升是消费升级促进产业升级的根本途径。消费需求与产业升级可以实现良性互动。产业升级是产业政策的核心，属于供给政策。供给政策的特点在于其长期性与微观性。因此，从长期来看，产业升级的过程以及收到效果所需要的时间是相当长的。这也就意味着，产业升级在短期内不可能发挥出明显的增加收入的效果。从微观性看，产业升级所作用的对象基本上都是微观经济主体——企业或者个人，它是通过微观经济主体的行为调整而收到成效的。因此，在短期，金融可以发挥配置资源的功能，调动微观主体的行为，起到促进产业升级的作用。

凯恩斯货币需求理论指出货币需求有三种动机，即预防性动机、交易性动机和投机性动机。如果我们把消费性需求看作交易性动机，那么，若想增加消费性需求，就需要降低预防性动机货币需求和投机性动机的货币需求。即在短期内收入不能增加的前提下，可以动用金融手段动员消费。居民货币需求的预防性动机主要在于医疗、教育、养老等方面，而投机性动机主要除了受利率的影响以外，还受到其他资产的机会成本等多种因素的影响。由此，影响消费需求的扰动项包括：预期教育支出情况，医疗、养老等方面的保险情况，存贷款利率以及金融资产的价格（包括房地产价格）。如何通过金融措施消除居民在教育、医疗、养老方面的后顾之忧？如何坚持“房住不炒”原则，削弱房地产的投资属性，使消费者增加住房以外的其他消费，通过消费升级带动产业结构升级？这些问题的解决非常考验京津冀金融生态协同创新的能力。

二、促进京津冀区域金融发展激发消费需求

（一）通过提高居民收入促进消费升级

凯恩斯提出的绝对收入理论认为，居民收入是影响消费支出和消费结构的根本因素，金融发展有助于收入的提高。首先，金融效率的提高意味着金融资源配置功能得到优化，进而提升社会资源运作效率从而促进经济增长，增加居民转移性收入、工资性收入和经营性收入。随着经济增长，政府财政税收增加，被用于社会福利和保障的转移性支出将会提高，居民转移性收入也随之提高。一方面，高效率的金融体系能解决信息不对称问题，能有效引导资金由夕阳产业向朝阳产业，由低收益产业向高收益产业转移，实现资源有效配置，为急需资金扩大生产的企业注入新鲜“血液”，企业规模和利润提高，员工工资也随之上涨；另一方面，高效的金融市场能降低融资企业治理中的道德风险，并对其起到长期监督和约束的作用，有助于企业做大做强，员工工资逐年上涨。其次，金融结构的优化意味着不同性质的金融机构增多，金融信贷产品丰富，信贷结构得到改善，有助于满足个人创业或者城镇个体经营户的借贷需求，改善就业环境以及经营业绩，提高城镇居民经营性收入。最后，金融机构性质的多样性同时为投资者提供了丰富多样的金融理财产品，从而实现居民财富的增值，提高财产性收入。金融发展通过效率的提升和结构的优化，促进经济增长直接带动居民转移性、工资性、经营性以及财产性收入的增加，间接提高居民消费水平并驱动消费结构的升级。

（二）通过降低居民流动性约束提升消费层次

流动性约束是金融发展作用于居民消费的核心传导因素之一。在当前收入存在约束的条件下，理性消费者愿意用未来收入支付当期消费需求，因此消费者是有借贷需求的。同时，流动性约束认为，倘若居民当期收入不能满足当期消费，且难以取得相应的贷款时，居民的即期消费量将受到抑制。而金融规模扩大、效率提高和结构的优化，从某种程度上也意味着信贷规模的扩张和信贷结构的改善，这使得广大消费者更容易获得信贷支持，用以满足自身因收入不足而无法实现的消费需求，带动消费水平上升。从消费者行为来看，消费者通常都是在基本生活需求满足的情况下进行借贷，所以信贷的支持，将会促使消费者增加对发展享受型物品的消费，由于消费的棘轮效应，消费者为维持已有的消费水平，通常会尽量增加收入，叠加消费的示范效应，这种消费层次将进行新的一轮循环，社会消费结构由此得到提升。

（三）通过增强居民正向预期释放消费潜力

金融发展通过风险管理功能与促进经济发展的作用，增强居民对未来收入和支出的正向预期，降低居民预防性储蓄，从而释放消费潜力影响消费结构。由于京津冀福利情况的历史变迁和地区差异，以及居民收支的不确定性和差距加大，居民对未来消费支出预期增强。如果没有相应的保障机制缓解未来的不确定性，居民将增加预防性储蓄，导致保障基本生活支出以外的消费遭到挤压。一方面，金融结构的优化能促进保险市场不断成熟，保险类产品更加丰富，社会保障制度完善，这有助于缓解未来支出不确定性的影响。居民在未来总会面临婚嫁、教育、疾病等不确定的大额支出，医疗保险和教育保险等丰富的产品，能为高额的支出提供补偿，减轻居民经济负担，缓解支出不确定性对居民消费的冲击。另一方面，金融配置资源效率的提高，在促进经济发展的同时也有助于增强居民未来收入增加的预期，从而增加当期消费。

（四）通过优化消费环境寻找产业升级新引擎

金融效率的提高能够更有效地调配社会资金，加快完善基础设施建设，改善消费环境；而金融规模的扩大伴随着现代金融支付工具的丰富，支付便利性增强，彻底改善了消费环境，提高了居民消费倾向。

随着网络的普及和电子商务的发展，消费环境包括线上环境和线下环境。金融的发展，一方面通过配置社会资金，进一步完善消费的线下环境，比如提高公路和铁路的覆盖率、普及通信网络设备等，提高居民的线下消费便利，并为线上消费便利奠定基础。另一方面凭借便捷的支付结算工具，培育更多包容性的线上新兴消费渠道，为消费者提供丰富的消费渠道和良好的消费体验，深耕服务消费来带动现代服务业的优化升级，以调动居民消费积极性。在具体操作上，既要重视生活性服务业的发展，又要重视生产性服务业的发展。第一，顺应生活消费方式的升级趋势，积极培育服务新业态。大力发展教育、健康养老、家政服务等贴近人民群众生活、潜在需求大、带动力强的生活性服务业，通过丰富服务内容、创新服务方式、拓展服务领域、健全服务体系等方式推动生活性服务业向便利化、精细化、品质化方向发展，满足居民日益增长的生活性服务消费需求。同时更要激发服务生产者和先进制造业的金融、信息、咨询、电子商务等生产性服务业的发展活力，提高生产性服务业的社会化、专业化水平，促进生产性服务业向价值链高端延伸，带动服务业优化升级。第二，提高服务业市场效率，降低服务业发展成本。在完善和优化传统服务业的同时，通过简政放权或政策体制机制性改革，放开服务业的市场准入限制，鼓励民间资本有序进入服务业，扩大服务业的消费领域，激活服务业市场竞争力，提高服务业市场效率，重点培育和发展信息、环保、健康养老、旅游、时尚、金融等能够激活经济转型升级活力的新兴服务业，积极开拓符合消费升级需求的现代服务产品，撬动要素资源的优化配置，带动服务业转型升级。第三，创新服务业态，提高服务业发展水平。支持有条件的企业开展跨界融合发展，鼓励服务业企业借鉴国际上先进的科技手段与管理经验来改造企业服务水平，增强服务业的服务意识，拓展服务维度，精细服务环节，不断优化服务供给，创新服务业态，创建服务品牌，延伸服务链条，提升服务质量。

通过优化消费环境寻找产业升级新引擎，以信息基础设施建设为载体，加快信息化与工业化的深度融合，撬动信息经济产业的大发展，让信息消费成为产业及企业信息化转型升级的得力“助推器”。可以在雄安新区搭建京津冀信息消费共享服务平台。三地政府发挥引领作用，在整合各地现有数据平台的基础上，重点围绕信息共享、技术支持、人才培训、市场推广、管理咨询、创业辅导、融资担保、法律服务等领域搭建能够提供产业信息化协同服务的智能化平台。依托京津冀信息消费共享服务平台，通过对信息化资源的整合、挖掘与创新，再造业务流程、重构组织模式、创新企业管理，实现从产品信息化到企业信息化再到产业信息化的螺旋式升级。发挥信息共享的大数据功能，诊断消费者消费需求及消费结构特点的动态性变化，并根据需求变化的特点，积极主动地推进企业整体信息系统集成和信息应用价值，不断优化和调整产业结构，实现供给结构对需求变化的适应性和灵活性，并孕育创造出新的产业形态，带动生产方式变革与劳动生产率的提高，实现产业的融合与优化。在不同地区和行业发展共享经济、数字经济等依托互联网信息技术应用的新业态模式，加大信息服务下乡、信息扶贫等政策扶持力度，促进信息消费平衡发展，有效降低信息消费成本、加速信息消费需求的释放；通过建立科学、合理的信息消费规划，拓展信息消费的深度与广度，激活信息消费的潜能，实现信息消费与产业升级的深度融合。以重点工程建设为抓手，鼓励基于信息化的创新和优化信息消费的市场化机制来提升信息服务的质量与效率，发挥信息共享、传播及带动作用，使信息消费成为京津冀乃至全国产业升级的重要推手。

（五）以区域金融供给侧改革优化消费结构

随着金融规模的扩大，信贷受众人群增加，促使居民接受借贷模式，转变居民消费习惯，引导居民树立正确的消费观，从而影响消费结构。消费信贷的普及能改变居民消费习惯，合理安排各类消费支出，转变“量入为出”的传统消费观。京津冀区域中，河北省居民（尤其是农村居民）对借贷消费的态度普遍比较保守，借助信贷满足消费需求的主动性较低，这样保守的消费习惯一度制约（除房地产抵押贷款以外的）消费信贷。一方面，随着信用卡、助学贷款以及小额消费网贷等信贷产品的普及，居民逐渐接受并使用借贷的消费模式；另一方面，由于消费信贷还贷压力的驱使，人们不得不谨慎考虑自身的收入安排，使非理性消费得到抑制，消费行为逐渐趋于合理。因此，金融的发展通过消费信贷引导居民树立合理的消费观，妥善地安排自身的各类消费支出，实现消费结构的转变。

1. 适当引入竞争，优化信贷结构

加大对消费信贷的政策和资金支持，合理引导信贷投向，完善个人消费信用市场，促使更多信贷资金流向除住房按揭贷款以外的消费领域，如家用汽车、旅游和文化教育产业等，完善信贷结构。鼓励商业银行等金融机构科学运用大数据资源，简化贷款审批流程，在风险可控的前提下，适当放低消

费贷款申请门槛，有选择地发放信用贷款及保证贷款；根据三地具体的经济特征以及信贷市场竞争情况，把握城镇居民服务性消费变动的新趋势，设计迎合各类消费支出特点的信贷产品，促进城镇居民消费升级。

2. 拓宽居民“财产性”收入渠道

通过完善区域资本市场监管机制，丰富金融市场生态结构。开发符合市场需求、品种多样的投资理财产品，为城镇居民提供丰富的投资渠道，增加城镇居民财产性收入。通过提高金融配置资源的效率，优化产业结构，促进新兴产业的发展，拓宽居民就业渠道，提高城镇居民工资性收入。

3. 引导保险市场的保障功能充分释放

京津冀政府需要努力扩大保险覆盖面，逐渐实现全民覆盖，逐步提高保险的保障水平。可以通过财政补贴来吸引居民积极参与保险。做好医疗和养老政策性保险跨区域衔接工作，让参保人在不同区域和单位都能方便转移保险关系。商业保险是政策性保险的补充手段，可以进一步降低预防性货币需求，动员消费需求。鼓励保险公司在京津冀区域开展“试点工程”，加强对保障型和收益型产品的开发和创新，促进保险金融化转型，不断丰富保险品种，发展寿险、健康险、失业险和意外伤害险等，减弱城镇居民对疾病、失业和意外伤害等方面的顾虑，为消费提供保障。

此外，快速上涨的房价会加剧居民支出的不确定性，有效控制房价过快增长，能降低收支的不确定性，有利于提振居民消费信心，促进居民消费升级。

三、促进资本与高科技融合——以河北省农业产业升级与农民收入的良性循环为例

在京津冀产业升级过程中，河北省在区位发展、产业布局、金融资源配置方面，都属于薄弱环节。产业升级不仅仅是简单地优化产业结构，增加第三产业的比重，而且更要注重第一产业、第二产业生产效率的提升，着力解决各次产业发展中的各类问题与短板。消除发展中的薄弱环节，夯实产业发展基础。

在推进京津冀金融生态协同创新时，应注意区域经济发展之间的差距，因地制宜地相继采用相关金融政策，加速产业布局的优化调整进程。在推进

金融协同发展时，要充分考虑到区域异质性，尽可能最大化金融协同对于产业布局优化调整的促进效应。北京和天津的经济发展水平高于河北，应该考虑到北京和天津对于河北的辐射作用，充分利用协同发展的正外部性，进一步提升河北的经济发展水平，缩小河北与北京和天津的经济发展差距。通过实现金融总量协同，来提升区域金融协同水平，以防止区域之间因经济发展差距过大而阻碍产业布局的优化调整。

如前所述，京津冀地区发展非常不平衡，河北省燕山、太行山山区都是贫困地区，交通闭塞，生活水平较低。这些贫困地区长期为了给首都保水、保生态而牺牲了自身的发展机会。土地“碎片化”一直是这些贫困地区农业经营规模化的羁绊。河北省可以以农村土地确权流转为契机，利用京津冀金融协同创新赋能，推动农业规模化经营。充分利用贫困地区相对较好的生态环境和农林业资源，引导京、津两地绿色农业开发企业、农副产品精深加工企业、旅游开发企业到这些地区投资兴业，借助政府特殊的支持政策，建立产业对口帮扶机制，探索产业扶贫模式，逐步解决燕山、太行山山区的发展问题。虽然产业扶贫本质上是市场行为，但京津冀三地政府在协商一致的基础上可以设立产业援助基金，共同分担产业园区的基础设施、原材料基地建设以及相应的配套服务设施建设费用，以减轻贫困地区地方政府的财政压力。同时，京津冀三地政府可以发挥产业援助基金的引导作用，尝试土地信托，采取以项目为单位，撬动社会资本共同出资或由社会资本主导、跟进投资的方式，共同发展产业扶贫项目，通过建立区域农产品期货期权市场消除价格波动风险。在企业获利时，产业援助基金投资部分可择机撤出，以实现基金滚动发展。

（一）试点土地信托引导农业规模化经营

1. 试点土地信托的各方当事人及其收入

土地信托，是指土地所有（或拥有长期使用权）者为了提高土地利用效率，将土地的经营和管理权在基于信任的基础上交与受托人，由受托人利用自己的专业优势进行科学的规划与管理，而将最终得到的利润以土地信托收益的方式交予委托人自己（即自益信托）或委托人指定的其他受益人（即他益信托）。在我国农村土地流转中土地信托的委托人是拥有土地承包经营权的农村土地承包者。京津冀在河北省试点土地信托的信托机构可以通过农业发展银行招标拥有信托资质和土地信托专长的金融机构来承担。我国的农村土地信托投资对象不同于外国的土地所有权，而是农村土地承包经营权。一部分擅长于农业种植、农副产品开发的企业或个人可以通过农村土地信托从农村土地承包经营权所有者处得到经营权进行土地自主经营与管理，摆脱土地“碎片化”，实现机械化、科学化、规模化经营，统一管理，建立联合创新机制，紧紧围绕农产品加工业重点领域和关键技术，组成由企业为主体的产学研结合的创新体系，围绕核心技术持续创新，实现突破。联合大专院校、科研院所，推动农业科技成果转化，进而实现规模收益递增。按照信托原理的要求，所有的信托收入在扣除一些必要的费用（例如，受托人薪酬、经营土地而产生的各种费用、原土地经营承包者必须缴纳的国家规定的税费等）后归属于受益人。通过土地信托，可以将原土地承包者从小规模经营中解脱出来，有时间和精力进行技术学习及开展其他工作，提高总体收入水平。

2. 试点河北农村土地信托的流程设计

（1）建立农村土地信托机构。

农村土地信托机构一般是由非政府部门的专业人员组成，但是为了起到风险防控的作用，应该与政府的相关部门进行联系与合作（在这里笔者认为农业发展银行作为政策性银行是最佳选择），主要作用是提供土地流转最新信息，起到中介的作用，并进行相应的监督管理工作。信托机构可以在县、乡设立两级分支机构，一般具体的实际业务由乡级机构负责，而统筹日常工作则由县一级的机构来负责。

（2）土地信托机构对土地委托的相关信息进行登记、公示。

首先，拟将土地流转的农村土地承包人向当地的土地信托机构提出申请，将相关信息，如土地类型、地理位置、土地面积等基本信息进行登记。

其次，有土地承包经营需求的农业种植、农副产品开发的土地经营者向土地信托机构登记资金实力、技术等级、管理资质等信息。土地信托机构择优遴选出几家最优资质者进行宣传推送，为规模化经营奠定基础。

最后，由土地信托机构将上述两类信息进行汇总、分类、整理后通过媒体或平台进行宣传，使有需求的双方能够及时得到所需出让或受让的信息。

（3）以信托机构激活京津冀金融生态的“资本形成与导向”机制。

农村土地信托机构以前面所提到的“产业援助基金”为原始资金，向土地开发经营者提供融资帮助，可以激活京津冀金融生态的“资本形成与导向”机制（见第四章第一节和第二节）。土地信托机构将收集的出让和受让信息进行分类整理，将需求者和供给者进行初期协调搭配。以出租或转让等方式将土地使用权流转到土地需求者手中。为了满足从事农业种植、农副产品开发的土地经营者的资金需求，土地信托机构可以为其通过一些金融机构进行贷款或发行债券、信托收益凭证等多种融资方式，还可以设立农村土地信托基金，农村依靠社会捐赠、农村商业银行的土地信托存款、政府的补贴以及一些预算外资金作为主要的资金来源，以满足在土地产业化经营过程中所需要的巨大资金，贯通农业、工业、服务业，打造农业产业链，促进产业升级，实现农村百业振兴。例如，河北省一些农村的辣椒的规模化种植——提炼“辣椒红”生产口红——“生态”口红销售，促成产、供、销一体化的实践推广。金融机构还可以通过出售贷款债权的方式来实现再次融资。

（4）土地信托机构进行追踪服务，分配信托收益。

在一定时间（一般以一年为期）的土地流转过程中，土地信托机构除了融资、对接工作，还必须对整个流转过程进行持续跟踪，监督土地委托人和受托人是否履行相应合同规定，是否符合法律法规。土地开发的经营者要按照要求向土地信托机构缴纳租金、转让费或股利等费用。土地信托机构在扣除这部分费用后将收益合理分配给土地承包者以及相应受益人。

3. 土地信托试点增加河北省农民收入及京津冀产业升级的机制作用

（1）遏制土地抛荒现象，增加京津冀农民的总体收益。

目前，由于分散农户种植成本高、收益低，河北省许多农村放弃种植业而选择进城务工，导致了一些土地抛荒现象。尤其是河北省燕山、太行山山区贫困地区的土地抛荒现象越来越严重。农村土地信托试点将有效地解决这一问题。农民的土地承包权不变，将土地使用权作为信托财产进行流转，由土地信托机构进行转租或承包给他人经营，农民可以在信托期限内享受信托利益，同时土地流转结束时还可以恢复其对土地的使用权。这既保障了农民的基本权益，也在一定程度上遏制了土地抛荒现象。土地使用权经过流转后，对于村集体而言，相应土地可上交的收入有所增加，增强了集体经济；对于农民而言，在无投入、不承担风险的情况下，既得到了一定的土地收益，还能通过安排部分农民就地务农、务工，使得农民收入大幅提高。

（2）推动农村土地规模经营，提高规模效益，促进农业产业升级。

通过试点土地信托流转农村土地，实现农田区域布局以及种植品种、多种经营，最终达到农业增收，是开展农村土地信托的目的。通过土地信托制度，按照效率优先、兼顾公平的原则将原本零散的土地集中起来进行经营，可以实现规模效应，大大提高农业资源的利用率，使土地、资本、技术等要素实现最优组合，实现资源节约、利润最大化。通过专业分工、规模生产的产业化经营，最终实现产业的优化与升级。

（3）金融生态协同创新，推动土地资源资本化，丰富农业投资渠道。

在土地信托机构成立之后，原本零散的农户不再需要独自寻找土地经营者，只需要通过农村土地信托这一中间机构便可得到合适的信息，土地经营者通过签订土地信托合同获得大量较为集中的土地使用权。信托机构在土地流转中所起的中介作用，减少了各类资金为农业进行投资的阻碍，从而实现土地承包者与土地经营者实现最快捷准确的对接。

综合以上三个方面来说，农村土地信托试点，是京津冀金融协同创新的试验田，有利于农业融资改革进一步深化，加速农业现代化经营的步伐，有利于实现金融发展、农民增收和产业升级的良性循环。

（二）协同尝试区域性农产品期货期权市场，促进农业产业化运行

标准化的期货合约对农业的标准化生产提出了极高的要求，基于土地信托基础的农业规模化经营在种子供应、过程管理、技术采纳、产品收获、包装储存等各环节便于实行统一标准、统一管理，以生产出优质的标准化产品，从而极大地促进了农业标准化程度的提高。然后，利用农产品期货市场的价格发现功能和风险规避功能，有效地进行种植结构的调整。

1. 尝试建立区域性农产品期货期权市场，稳定农民收入

毋庸置疑，农业结构调整要尊重市场规律，以市场为取向。市场机制是供求机制、价格机制、激励机制、竞争机制和风险机制的组合。其中，价格机制是市场配置资源最有效的杠杆。农产品现货市场价格由于缺乏预见性并不能有效引导经营者及时进行生产结构的调整。而农产品期货市场的参与者众多（主要有供给者、需求者、中间商、投机者等），他们一般有通畅的信息渠道、拥有扎实的专业知识，能够应用科学的预测和分析方法，且具有丰富的市场交易经验。经过期货市场参与者反复博弈形成的价格能够反映农产品供求变动及价格波动的趋势。农产品期货交易的“公开、公平、公正”原则，可以有效避免农产品现货交易中的欺诈和垄断行为。在农产品期货市场上进行套期保值操作，发挥农产品期货市场的规避风险功能，能有效防范种植结构调整带来的市场风险，避免由于忽略供求关系的时间错位而暗藏着市场风险从而陷入“蛛网理论”循环怪圈。

2. 依托农产品期货产品创新，引导农村第一、第二、第三产业深度融合

河北省粮食、乳品、肉类、蔬菜、干鲜果等主要农产品产量均居于全国前列。河北省农产品加工业面临着研发投入、增值率、利润率、国际化率、人均产出率偏低，知名品牌较少，农产品加工业与农业、现代服务业深度融合不够，企业融资难、负担重等现实问题。在京津冀区域农产品期货市场，可以尝试期货市场品种创新，例如，大宗畜产品、生猪、肉鸡、牛、羊等的期货交易；辣椒、苹果、干果等蔬果类期货品种。试点推进白糖、豆粕、玉米、棉花等农产品期权。在此基础上，集中建设一批连片的优质农产品生产基地，形成“为加工而种、为加工而养”的格局，着眼于完善产业链条，解决基地建设与企业生产脱节问题，依托龙头企业，发展规模化、标准化的原料基地，发挥资本导向作用，引导农村第一、第二、第三产业深度融合。

四、金融生态协同创新攻克京津冀产业升级技术创新难点

产业升级源于产业内企业的一致性技术创新行为，而技术的进步和创新必须有充足的资源予以支持并且面临一定的风险。金融生态通过减弱企业创新过程中面临的融资问题和风险，提高资源配置效率来作用于企业技术创新。企业的创新活动要依靠金融生态的融资功能，否则企业创新会因为缺乏资金难以进行。例如，以智能科技为引领的滨海—中关村科技园区，累计注册企业 978 家，但是，多为中小企业，基础软硬件辐射带动作用不足，整体处于培育期，缺乏标杆企业引领。京津冀金融生态协同创新能够为企业提供更多的资金支持，从而有利于企业开发和研究投入水平的提升。

（一）协同培育市场主导和政府辅助的科技金融生态

基于京津冀的金融支持体系和科技创新发展的现状，虽然三地政府分别加大财政投入力度，并且通过政策倾斜增加技术创新初期的专利授权数，对企业的技术创新起了一定的鼓励和支持作用，但是，企业的技术创新活动是一个不断推进的过程，需要平衡好政府和市场的助推力量。如果过度地依赖政府，忽视金融市场的融资支持，企业科技创新的积极性和持续性就有可能降低，使得增加的财政资金不仅不能提高科技产出规模，反而会抑制科技成果的转化率。因此，京津冀须对现有的科技金融生态进行改革和创新。协同培育以市场为主导，政府为辅助的科技金融生态模式，即在高新技术向产业

化过渡的阶段，京津冀除了要发挥政府的引导作用，更需要运用风险资本、股权投资基金和多层次资本市场等投入方式来促进科技创新活动，加快产业、企业与资本市场对接，提升科技金融促进高新技术发展的投入产出效率。吸引新金融业态对接“大智能”高科技产业和智能制造业，提高金融业附加值。

1. 以私募基金的发展带动京津冀科技创新项目

积极吸引或组建天使投资、风险投资，以及私募股权等各类投资基金、项目，设法提升企业技术开发项目或高新技术企业实现股权融资的高效性。积极探索各类私募基金“辛迪加”运行机制，为私募基金多元化、分散化投资谋篇布局，增强股权投资主体的抗风险能力，不断加强相关股权投资产业链向最前端发展的趋势。协同制定经济与金融协同促进条例等地方法规、优化网络和信息平台等区域市场软环境，关注股权相关投资机制的创新问题，吸引和激励私募股权投资基金参与京津冀科技创新项目扶持。

2. 加强资本市场服务深度，推动科技创新全方位发展

鼓励企业通过跨地区并购，提高自身科技创新水平。企业通过兼并重组可以获得对口项目的研发人员、专利，同时还能实现资源优化整合，提升企业的科技创新能力，促进京津冀协同发展。

以开放思维，对全球创新资源进行深度研究。积极提议国有重点金融机构发起设立海外创新投资基金，通过科技创新项目载体吸引境外投资机构落地。推动国有金融机构与京津冀大型企业共同组建大型国际科技创新基金、品牌并购基金，加大以技术升级为驱动的境外投资并购。通过金融产品衔接、金融机构协同、金融服务深化，提升京津冀金融生态支持科技创新的长度、广度和深度，落实创新驱动发展战略，驱动产业升级。

（二）构建京津冀风险管理机制和独立的风险评价体系

现阶段，京津冀根据政府、银行和保险共同分担风险机制建立了“政银保”合作贷款体系，积极引入创投资本、股权投资基金落户到高新园区。金融机构还可通过风险管理机制或金融工具和金融产品等创新，对不同创新阶段的潜在风险实现风险分散和风险共担。由于现有的以有形资产为基础的风险评价体系对无形的科技成果并不适用，需要满足科技成果评级要求的科技金融风险评估系统来促进高新技术项目发展。因此，可成立由专业协会出资建立、投资者付费使用的区域无形资产风险评级机构，从根源上保证风险评级机构的独立性。

（三）协同建设科技金融服务平台

科技金融服务平台能够连接政府管理部门、投融资主体和创新主体。它主要负责对各参与主体的财务状况、管理水平、信用资质以及融资能力等进行评审，参与并解决资产评估、信用担保和信息共享等问题，增强信息的流动性和准确性。科技金融服务平台可以储备并分析创新主体（如高校、科研机构和科技企业）的创新成果和融资需求以及投融资主体（如银行、创投机构和资本市场）等的投资意愿，精准衔接二者的信息资源，帮助创新主体快速实现融资，最终提升企业、产业、地区的创新能力。科技金融服务平台要重视程序操作规范，积极邀请市场科技金融主体（商业银行、风险投资基金和保险公司）的参与，为技术创新提供全面的信息服务和全方位的金融服务。

（四）尝试新金融业态对接智能产业

协同尝试金融与智能科技跨界融合，推进京津冀工业化、信息化、服务化融合发展。支持智能科技产业专项金融解决方案，促进互联网、大数据、人工智能与制造业、金融业深度融合。借助各类较大规模产业基金，协同发行科技产业创新债券、基金，并促成互认互通，引导社会资本加大投入。鼓励银行等金融机构创新知识产权融资模式，采用打包组合质押捆绑等多种创新方式，实现知识产权质押“首贷”。

第四节　金融生态协同创新对接京津冀产业升级

金融生态对产业升级的促进，本质上都是提高微观经济主体的资源配置自由度。与货币给予的要素空间交易的自由不同的是，金融生态提供的是空间交易和跨期配置的更高阶自由。通过金融工具解放要素所受到的生产关系束缚，构建更加有利于微观市场进行资源有效配置的金融生态。实体经济的风险，通过金融生态解决信息不对称问题，经过多次政策对冲和逆周期调节，很大程度上被“再分配”，从而分散到各金融生态主体使其共同分担。金融生态给予生产要素自由流动越完善的“基础设施”就越有利于产业升级。金融生态中的金融市场、金融工具（或金融产品），使企业家的生产性和资本性支出，摆脱其自身和家庭的消费预算约束。当遇到好的投资项目时，企业家可以按照生产决策进行有效配置，使社会生产可能性曲线获得向外扩展的机会，实现金融生态对产业升级的赋能。同时，也应该尊重金融自身追逐利润的本性。金融生态赋能产业升级，产业升级推动经济增长反哺金融生态，从而实现金融生态与产业升级的良性循环。本节将从“资本导向”与“资本形成”两个口径探索京津冀金融生态协同创新赋能产业升级的路径与方法。

资本导向层面，金融是国家重要的核心竞争力，京津冀协同发展是国家战略；京津冀金融生态须从开放的国际金融视角，协同引导资源的优化配置，促进产业升级。

资本形成层面，在传统定义中，生产要素主要包括劳动力、土地、资本等，随着科技发展和知识产权制度完善，又纳入技术、信息、管理、知识等要素。2020 年 4 月 9 日，中共中央、国务院印发《中共中央　国务院关于新时代加快完善社会主义市场经济体制的意见》中，国家已经明确，要进行市场化配置的资源要素主要有五种：土地、劳动力、资本、技术、数据。我们在本节就对标这五种资源要素，研究金融生态如何促进资本形成对接产业升级。

一、金融开放——赋能产业升级的“资本导向”口径

（一）金融开放对京津冀产业升级的作用机理

我国属于发展中国家，与发达国家相比金融市场还很不发达，存在一定程度的金融抑制现象。从国内不同区域角度进行对比，京津冀地区与粤港澳大湾区和长三角地区相比的实际情况是，金融主体在金融市场的参与度不高，金融产品也很匮乏。在宏观层面，政府人为地压低实际利率，从而抑制了国内的储蓄水平，扩大了储蓄和投资的缺口。具体到京津冀金融开放，既包括区域内三地相互拆除壁垒，还包括与国内其他地区展开金融合作和积极利用国际金融市场的开放的比较优势。

1. 以金融开放拓宽京津冀优势产业资本形成渠道

从理论上讲，储蓄转化为投资的渠道有很多。但是，实际上落后的金融

市场以及狭窄的融资渠道，增加了企业的融资成本，对储蓄向投资的转化产生了抑制作用，这种作用在京津冀区域表现得尤为明显。从宏观层面，金融开放能够促进一国金融市场的自由化发展，提供直接融资便利。资本跨境流动，是基于国内投融资渠道的扩容。国内金融市场融资能力提升，既能从外部引进增量资本，又能推动国内储蓄向投资的转化。一方面，从资本导向角度观察：伴随着开放带来的竞争，国内资本市场的运行更加市场化和透明化，信息不对称问题逐渐淡出，资产价格渐趋合理，风险投资者能获得相应的风险溢酬和补偿。在这种金融生态中，有风险偏好的金融主体将资金通过金融市场交易，更倾向于流向高回报率的新兴产业和高科技产业。金融市场发挥“看不见的手”的作用，自发地促进资金在不同生产部门之间的合理配置，提高储蓄投资转化效率，动员更多的资金流向生产效率和收益更高的产业，满足优势产业的资本需求。另一方面，从资本形成角度观察：开放的金融市场能够更好地满足国内投融资需求，降低资金成本，提高信息的透明度，为高新产业提供融资便利，加速优势产业的资本积累。资本在不同产业之间的自由流动和配置促进了国内产业结构向更高级方向转变。

2. 金融开放使资本流动空间拓宽，推动产业分工和产业转移

金融开放促使资本要素在更广阔的空间自由流动。从国外流入国内的新增资本倾向于流向具有高回报率的产业，这会对国内存量资本产生“示范效应”。在国内和国际贸易链中，京津冀区域优先发展比较优势产业，资金主要支持优势产业生产，生产比较优势产品。优势产业生产能力的不断提高以及国内、国际市场的进一步开拓，驱动京津冀区域产业的逐步升级。当京津冀区域优势产业形成一定规模时，可以通过对外投资逐渐将成熟产业转移到国内其他地区，带动其他地区共享产业升级红利。也可将萎缩期的产业转移到有合适需求的其他国家，在国外进行生产。京津冀区域的该产业资本转向其他新兴产业，产业结构得到优化。

金融开放条件下，资本要素能够跨国流动，跨国公司也随之产生。京津冀可在国家金融开放的框架内引入外资，吸引跨国公司在京津冀区域以独资办厂、合资公司和股权投资等多种形式进行投资。外资流入和跨国企业入驻的同时，也带来了先进的生产技术、管理经验。在产业间引发“鲶鱼效应”，最终带动相关产业生产力的提升，带来技术溢出效应。京津冀还可在国家金融开放的框架内以独资办厂、合资公司和股权投资等多种形式进行对外投资。在与国外相关企业合作的同时也可学习到外企的先进技术，将其带回国内促进国内产业发展。资本自由流动带来的这种技术溢出效应能够有效地发展国内科学技术，提升国内企业的生产效率，促进产业发展和产业结构优化升级。

3. 金融开放有利于进一步优化资金在产业间的合理配置

金融开放在推动资本自由流动的同时，对促进国内金融服务水平大有裨益。一国实行金融开放后，随着国内金融机构和金融市场壁垒的降低，国外金融机构迅速向国内渗透，加剧了国内金融行业的竞争。金融开放打破了国内金融机构的垄断局面，推动国内金融机构经营效率的提高，使国内金融机构加大在投资甄别上的力度，减少国内无效率投资的产生，提高储蓄投资转化率。竞争效应使资本市场更加有效，国内金融信息成本和金融交易成本也都随之降低，企业融资成本降低，融资渠道也更加通畅。金融开放在促进国内金融业自由发展的同时，也推动了金融科技的发展。金融行业的技术创新能够催生出更多样化的金融产品，以符合不同投资者和经济形势的需求。金融开放抑制政府对金融市场的干预，使金融机构的运作遵循市场规律；同时推动国内金融体制的发展和完善，促进国内金融市场健康发展，减少金融监管成本。金融开放在推动国内金融机构竞争、金融技术创新和体制完善方面的作用使得国内金融行业健康发展，而金融行业属于第三产业范畴，金融业的快速发展本身也推动了第三产业的发展，提升了产业结构层级。金融行业作为国民经济的重要组成部门，它的发展情况对经济增长和其余产业发展都有重要作用。一国金融结构的变化能够改善经济运行，为资金转移至高收益部门提供便利。金融开放对金融业带来的竞争效应和示范效应能够使得国内金融结构得到升级。国内金融业结构的升级带动投资结构的变化，使资金的投入结构和运行结构更加适应投资需求，资金流向更有发展前景和盈利预期更好的行业，从而投资带来的生产力能够形成有效供产业资金投入的结构效应使资金在不同产业之间合理分配，金融资本向产业资本的渗透使产融结合更加紧密，这一过程最终会促使产业结构升级优化。总之，京津冀金融主体应积极主动地储备竞争实力，抓住金融开放的机遇，增强抵御风险的能力。

（二）金融开放促进京津冀产业升级的进程构想

1. 在国家金融开放的框架内，协调有序推动区域金融开放

金融开放能够促进经济增长，推动产业结构升级。京津冀区域需要在国家金融开放的框架内，协调有序推动区域金融开放，驱动区域产业升级，并对国内其他地区进行扩散和示范。在金融开放过程中，风险与机遇并存。因此，金融开放应该实施尝试性、渐进式推进策略，控制好开放的节奏。要坚持先易后难，先试点后推广的原则，谨慎有序地推动金融开放。京津冀可以以雄安新区为试点，逐步辐射天津市、河北省、北京市。先从个别区域、个别金融主体、个别业务、个别产品入手，然后在循序渐进地进行全面推广。在资本账户开放方面，逐步放宽合格境内外投资者的资格限制，灵活资本跨境流动政策，加大金融监管力度，把控好资本账户开放风险。在金融开放各方面循序推进过程中，还应注重京津冀金融生态协同配合，做到内部协调、整体有序。同时要密切关注国际国内形势，减少国际金融风险。谨慎把握金融开放最佳时机，发挥金融开放促进经济结构转型的最大效用。

2. 增强金融主体服务和参与实体经济能力

金融开放能够引入国际增量资本，提高国内储蓄投资转化率，促进国内金融业合理竞争，降低企业融资成本，提高资金在产业间的配置效率，从而促进产业升级。要想更好地发挥金融开放对产业升级的驱动作用，需要积极引导金融行业健康发展。

京津冀金融生态要发挥协同创新能力，为推进银行业合理竞争，提高银行投资效率，减少无效率投资，优化信贷结构扫除障碍。建立开放试点，鼓励金融创新，引入先进金融技术，推动绿色金融、科技金融的发展，增加有效的金融产品供给。建立区域信息共享平台，提高市场信息的公开性和透明性，建立完善的信息披露制度，引导区域资本市场健康发展，孵化更多的企业在国内、国际资本市场上市，提高直接融资效率，提高资本流向高效率、高新科技产业的效率。在推动金融行业健康发展的同时，发挥金融引领服务业发展的作用，推动现代服务业的发展，加快产业结构升级。尝试建立完善的金融安全预警机制，监控国际资本流动，关注国际金融市场，预防开放带来的国际金融风险。

此外，要注重创新金融服务方式，加大对京津冀企业“走出去”的支持和服务力度，在保护幼稚产业的同时，创造比较优势产业和品牌，培育优质企业，在适应经济全球化的同时促进京津冀产业升级。

（三）培育融资租赁软环境以促进产业升级——国际融资租赁：特殊国际经济关系下的国际贸易突围

我国在20世纪80年代初引入融资租赁，但是在很长时间内业务发展较为缓慢。作为与实体经济紧密结合的融资租赁，具有融资简便、期限灵活、优化财务的特点，在拓宽企业融资渠道、推进产业升级和经济结构调整方面发挥了积极作用。2007 年，银行业被允许进入融资租赁市场，银行所设立的融资租赁公司——金融租赁公司是融资租赁市场的主体。国内少数大型工业企业为了拓展销售产品渠道，也设立自己的融资租赁公司。融资租赁业务主要适用于单价金额大的商品，如飞机、船舶、工程机械、成套生产设备等。例如：中联重科下设的中联重科融资租赁有限公司和柳工集团下属的中恒租赁公司。这两家公司已经涉足了国际融资租赁业务，前者已经向俄罗斯和东欧国家的客户开展了租赁出口业务，后者积极开拓欧洲和印度市场，实现了装备制造业外贸方式和出口商品结构的双重升级。根据全国融资租赁公司管理信息系统统计，截至 2019 年 12 月底，全国共有融资租赁公司 11124 家。但是，约 72% 的融资租赁公司处于停业或空壳状态，部分公司偏离主业，给行业带来了一定的不良影响。2020 年 6 月银保监会发布了《融资租赁公司监督管理暂行办法》，在完善业务经营规则、加强监督指标约束、厘清监管职责分工方面提出要求。

在融资租赁领域，天津市一直处于京津冀乃至全国的前列，截至 2020 年 5 月，作为国家租赁创新区的东疆保税港区（天津）注册租赁公司 3500 多家，其中有一大批租赁公司是京津冀地区的企业设立的。累计注册资本金约 6000 亿元，融资租赁试点企业数量及注册资本规模均位列全国自贸试验区首位。全国 50% 以上的工程机械、船舶、大飞机和 100% 的钻井平台租赁都在此完成，这里的融资租赁具有超强的品牌示范效应。北京市也拥有一些知名租赁企业，如建信租赁、环球租赁、外贸租赁、鼎盛租赁、文化科技租赁等。河北省有河北金融租赁、庞大乐业租赁、冀银金融租赁等实力较强的租赁企业。但是，我们也要清醒地认识到京津冀众多融资租赁公司中，也有不少空壳状态的租赁公司，而且企业风险防范意识普遍薄弱。究其根源主要是缺乏持续的资金来源，租赁公司在运营融资租赁业务时，单笔业务的资金投入度高、回收周期长，不利于分散风险。在《融资租赁公司监督管理暂行办法》发布后，涉及融资租赁的公司还需要依规进一步整改，很多租赁公司将面临重新洗牌。京津冀区域需要协同推进租赁业政策制度创新，完成从数量到质量的突变，持续提升服务品质，完善融资租赁相关的金融环境、司法环境，人才交流环境等软环境建设，为京津冀租赁企业营造与国际接轨的生态体系，服务京津冀地区产业升级。

1. 推动京津冀融资租赁协同发展

京津冀三地金融办会同相关部门，应该联合起来按《融资租赁公司监督管理暂行办法》对标落实融资租赁业协同发展重点。在税收制定、合同管理、资产登记、产权交易等方面对各地做法进行规范和统一，建立公平竞争的融资租赁市场环境。目前，中国租赁联盟会同天津东疆保税港区、广州南沙区、西安国际港务区、沈阳自贸区等，设立了中国租赁业创新服务基地，并在上述地区设立了分支机构，实践证明行之有效。建议京津冀和中国国际商会等国家相关部门也联合组建一个租赁业创新服务基地。基地总部可设在石家庄，其主要职能是，通过共同组建“京津冀租赁企业孵化中心”“京津冀联合租赁中心”“京津冀国际租赁服务中心”等举措，致力于行业发展总体服务，在北京中关村、北京经济技术开发区、廊坊金融区、天津东疆保税港区等地设立若干个租赁产品研发基地，对一些涉及面较大的租赁政策和产品，先在这些试验基地经过试验后再正式推出；在这些地区的相应机构和行业组织中，设立若干个租赁专业实习基地，通过聘请校外导师、组织实习考察，为将要参加工作的融资租赁专业学生提供一个理论联系实际、求职和招聘双向选择的机会。

京津冀地区作为我国北方制造业中心之一，北京市、天津市、河北省石家庄市都有各自的优点，形成了各具特色的装备制造业。以石家庄装备制造园区为例，园区以冀中装备石煤机公司、石家庄安瑞科气体机械有限公司、中国中车股份有限公司、中航通飞华北飞机工业有限公司四大央企为支柱，还有很多中小企业积极加入。如果有租赁业创新服务基地提供持续的融资租赁服务支持，园区的各家企业，将会获得在国内、国际贸易领域迅速占领商品销售市场的机会。

2. 利用国际融资租赁盘活京津冀出口企业资金链

融资租赁是出租人根据承租人的请求，向承租人指定的供货人，按承租人同意的条件购买承租人指定的资本货物作为租赁标的，并以承租人支付租金为条件，将该租赁标的的使用权和收益权转让给承租人。根据国际会计准则委员会的有关定义，融资租赁是指实质上将与一项资产的所有权有关的全部风险和报酬转移的租赁，而该资产（租赁标的）的所有权最终可能转移，也可能不转移。

（1）以融资租赁方式规避贸易壁垒。

在美国实施贸易保护政策的国际大背景下，京津冀相关企业运用国际融资租赁可以减少贸易摩擦，改善贸易环境。在国际租赁贸易中，出租人即租赁公司拥有商品的所有权，商品所有权不发生跨国转移，只是使用权的转移。从国家宏观层面，在国际收支平衡表的统计中，以租赁方式引进的商品统计在资本与金融账户下的子账户长期资本流动中，而不是记录在经常账户中。国际融资租赁可以避免因贸易顺差过大而引发的进口国的贸易抵制。在国际贸易中，很多国家制定了较为苛刻的产品技术标准，对进口商品实施技术贸易壁垒，而国际融资租赁业务中，由于租赁方式引进的设备，在很多国家不被视为进口，这样，也就避免了技术性贸易壁垒。在国际租赁业务中，国外进口商定期支付租金，可保证我国每年有一定的外汇流入，可抵消我国大量租赁进口产生的租金外汇流出，有利于国际收支平衡。

（2）利用转租赁，盘活国际贸易市场。

转租赁是指出租人先从别的公司租进设备（第一次租赁），然后再租给承租人的租赁方式（第二次租赁）。这里所称的“出租人”是双重身份，是第一次租赁中的承租人，第二次租赁中的出租人。转租赁实际上包含着两个租赁关系，是以同一件租赁标的物连接的两个租赁交易行为，因此至少包括两个租赁合同。

对我国使用技术壁垒设限的国家，向其出口时，可以以融资租赁方式选择（未被限的）第三国作为“出租人”，然后再转租给设限国的相关企业。从其进口时，可以选择（未被限的）第三国企业先购买下来或采用融资租赁，然后再转租给国内的（京津冀）企业。

（3）引导融资租赁公司采用杠杆租赁，促进京津冀高端设备的出口。

杠杆租赁指的是在一项租赁交易中，出租人只需投资租赁标的购置款项的20%～40%的资金，运用财务杠杆原理，带动其他债权人对该项目60%～80%的款项提供无追索权的贷款，出租人以拥有的租赁标的所有权向贷款人抵押，以转让租赁合同和收取租金的权利向贷款人作担保的一种租赁交易。杠杆租赁方式主要适用于资本密集型设备的长期融资租赁业务。其做法类似于银团贷款。

利用杠杆租赁业务，可以促进京津冀高端设备的出口，从而优化出口商品结构。从微观企业角度，利用融资租赁扩大出口是一种安全有效的促销手段。在融资租赁中，由企业下设的租赁公司提供设备融资，租给国外客户，一方面，国外客户可以在较长的期限里分期偿还租金；另一方面，国内的厂商可以及时取得全额货款，以便于进行扩大再生产和进行研发投入，提高资金的使用效率。出租人（作为出口人的租赁公司）拥有货物的所有权，如果承租人（进口人）违约，不能如期偿还租金，出租人有权收回货物，减少损失。在融资租赁业务中，进口商无须占压大量资金，这就能大大缓解承租人的资金压力。承租人第一次支付的租金要低于后期支付的租金，容易达成交易。通过租赁交易合同的纽带，将融资租赁公司、用户和设备制造商紧密联系在一起，国外用户和国内设备制造商之间保持着直接联系，设备出现故障时可以及时得到维修服务。这样，有利于维护京津冀乃至中国制造业的形象，有利于进一步扩大国产设备在当地市场的销售。

3. 借助“大数据”或区块链技术，协同打造京津冀“租联网”

要保证融资租赁业的持续健康发展，京津冀需要与时俱进，结合融资租赁业发展的实际需要，抢占先发优势，研发和建立一个能立足京津冀、服务全国、连接世界的现代化的租赁网络系统。借助“大数据”或区块链技术，开发和组建一个连接国内外的“租联网”平台系统。通过这个网上租赁平台系统，能够实现融资租赁与经营租赁相衔接、自主租赁与代理租赁相衔接、国内市场与国际市场相衔接、一手装备与二手装备相衔接。该系统的研制与建设成功，不仅会带来三地租赁行业继续领先发展，金融创新服务局面的进一步拓展，而且能够提升融资租赁行业服务水平，扩大租赁企业资金来源，从而实现企业良性永续发展。它将极大提升京津冀乃至全国的融资租赁服务水平和国内外租赁市场的竞争能力，助推京津冀产业升级。

4. 申请组建“融资租赁同业拆借市场”和亚洲基础设施租赁基金

对融资租赁企业来说，保持一定比例的储备资金来应对不时之需，防止在经营环境发生突然变化时资金链断裂，是关乎生存和发展的大事。但是，储备资金过多或长期备而不用，也会造成不必要的经济损失。为此，中国人民银行需建立一个资金拆借中心，所属企业遇到临时或紧急资金需求时可以到中心来临时拆借。目前，全国大多数由银保监会审批和监管的金融租赁公司获准进入拆借中心，而大批内资、外资融资租赁企业却被排斥在外。面对这样一个市场空白，京津冀金融协同创新有了机会。可协同递交申请，争取在行业内组建一个服务各类租赁企业的“融资租赁同业拆借市场”的机会，为租赁企业解决短期资金需求，防止和减小租赁企业因资金链断裂而出现的经营风险。

由我国倡导成立的亚洲基础设施投资银行（以下简称亚投行）取得重大进展。在国际上，“一带一路”所涉及的铁路、公路、海港、空港、管道等基础设施以及这些设施所需的建筑机械、港口装备、飞机、船舶、车辆、集装箱、管线等，60%以上是通过租赁的方式实现的。可以考虑在亚洲基础设施投资银行基础上再组建一个与亚投行相配套的投资机构——亚洲基础设施租赁基金。

二、激活企业生产环节的关键要素——赋能产业升级的“资本形成”口径

2020年4月9日，中共中央、国务院印发《中国中央 国务院关于新时代加快完善社会主义市场经济体制的意见》中，国家已经明确，要进行市场化配置的资源要素主要有五种：土地、劳动力、资本、技术、数据。协同创新赋能于金融生态，有助于建立一个均衡的、有效的经济循环体系，加快资金周转以及实物资本转化为货币资本的速度，避免资金在生产过程之外闲置、空转。依托协同创新的金融市场运作，使资源通过交易转化为资产；通过企业并购、资产重组等运营手段化解过剩产能，盘活低效资产，将资产转化为资本。在金融生态协同创新的推动下，通过资源—资产—资本—资金之间相互转化、良性互动，带动经济良性循环（许冀艺，2019）。

（一）人力资本的金融激励与约束

根据经典的古典经济学理论，资本和劳动力等生产要素作为生产投入需求对企业产出质量和价格均起着非常重要的作用。人力资本是企业获取持续竞争优势的源泉。产业结构高级化使社会分工不断细化，产生对异质性劳动力的需求。异质性劳动力需求意味着必须对人力资本投资来完成人力资本的积累。张维迎指出企业人力资本只能激励不可压榨。金融生态协同创新将金融要素通过金融主体重组再造，激励与约束人力资本进行价值创造，承担创新风险。

1. 股权激励

股权激励通过授予企业的管理者一定数量的公司股份将管理者利益与企业利益紧密结合，通常被视为对企业高管（或核心员工）进行激励的重要方式。基于委托代理理论基础，股权激励能够在一定程度上协调管理者（或核心员工）与股东之间的利益冲突，有利于降低道德风险，从而促进企业的经营发展。股权激励计划在中国处于初期探索阶段。股权激励标的具有多样性，现阶段应用比较广泛的有股票期权、限制性股票、股票增值权等。各产业不同类型的企业生存发展环境不同，推行核心股权激励计划时需要量体裁衣，在符合法律法规的前提下制订适合自身的、符合企业未来发展目标的激励方案。

中国已经拥有关于股权激励的一系列的法律法规。国务院国资委印发的

《国务院国资委授权放权清单（2019 年版）》，首次将股权激励方案纳入授权放权清单范围，并强调股权激励等激励制度不与工资总额挂钩。京津冀三地政府应抓紧时间组织专业人员深度研究中国资本市场的特点以及京津冀企业股权激励的现状，出台各种优惠政策（如税收政策）为企业启动股权激励措施降低隐性成本，全面激发微观主体活力。同时，设立配套的第三方监督机制，合理地监督约束激励计划的实施和激励作用的落地，满足人力资本的高层次需求，强化激励效果。实现京津冀吸引和留住人才的目的，提供良好的政策环境。

2. 利润分享信托

企业良好运营并不仅仅依靠若干高管（或核心员工），普通员工的努力也至关重要，企业合理扩大激励广度使更多员工能够分享到企业业绩增长的回报，能够让企业内部利益趋同并保持良好的运营状态。

利润分享信托是为普通员工将来分享企业利润而设立的一种信托。企业是该信托的委托人，将每年净利润的一定比例委托给信托机构进行管理和运用，并在一定时期后将信托本金和收益支付给企业的员工。企业根据每年的盈利情况确定出资额。信托本金和收益与员工的年龄和工龄无关，员工不分摊信托本金的分摊额。当员工退休、致残、辞职、被解雇或死亡等情况发生后，随时都可要求支用信托本金与收益。

3. 建立健全与产业分工相适应的“房地产金融 + 人才引进”政策

（1）建立健全与产业分工相适应的住房保障政策和人才引进政策。

高层次人才是区域经济社会发展和科技创新的最重要资源，有序合理的人才流动能促进产业协同发展。合理调控房价水平，科学制定住房发展规划，建立健全与产业分工相适应的住房保障政策和人才引进政策，扩大人才住房的有效供给。京津冀不同地区应立足于自身产业优势，整合优质资源以实现区域的协同发展，并引导异质性高端劳动力要素合理、多元化流动，促进产业转移和升级，避免房价过高而出现产业空心化。注重制定吸引和留住高层次人才的住房政策，如通过人才支持计划和人才公寓等政策，为创新经济和产业升级储备人才，为长期产业升级保留足够的发展空间，最终形成京津冀空间合理对接、区域产业协同发展和高层次人才资源有效配置的新格局。

（2）京津冀区域政府与金融机构联合尝试房地产融资租赁。

京津冀区域政府与金融机构联合建立人才引进合作项目，尝试房地产融资租赁，缓解人员购房压力，释放当期消费能力。

与目前房屋经营性租赁相比，融资租赁具有如下特点：一是融资租赁具有融资与融物双重职能，租期一般为中长期，与经营性租赁的短期性相比融资职能很突出。二是融资租赁是一种不可撤销的租赁，承租人不能毁约。三是融资租赁的租金稍低于经营性租赁，可以降低承租人的支付成本。

房地产融资租赁的操作流程如图 8－6 所示。地方政府将引进人才进行备案注册，然后由地方政府背书，只要经注册的引进人才都可以与相关金融机构签订长期租赁合同（比如 10～20 年），租期届满承租人可以选择续租或以残存价值留购。首个承租人有选房的权利。如果在租赁合同期人才流出，则其他注册人才继续以合同租金租住，同时获得前任承租人累计期限及其续租权和留购权。这种创新能够使承租人减轻按揭首付压力，避免短租产生的“居无定所”及租金上涨预期，而且还能使承租人有机会在合同到期时以残存价值购房，产生“挽留人才”溢价。同时，也避免了承租人由于购买居住房投入前期成本，沦为“房奴”，而丧失去异地深造或工作的机会。由于承租人是备案库注册的，由地方政府背书的“不确定”自然人，前手走后由后手承接，保证了租赁合同的长期性。

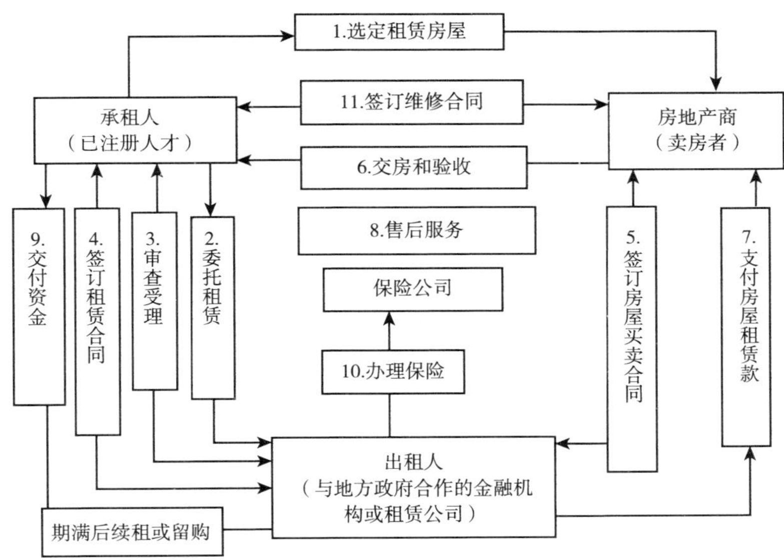

图 8－6 房地产融资租赁的操作流程

资料来源：笔者整理。

（二）挤压地租和资金成本，创新融资方式，为技术研发腾挪资金

房地产业在过去特定的时期发挥了关键性的核心作用。它的扩张带动了建筑、建材、机械、钢铁、金融保险等相关国民经济主要行业的发展。但是，高房价已经成为掣肘中国经济发展的一大结构性难题。房地产投机严重，资金大举流向房地产市场，对实体经济发展所需的融资空间和实体经济的转型升级产生了“挤出效应”。这些问题对相关配套改革措施提出更高的要求，涉及土地制度的变革、房产税的开征、财税体制的调整以及地方土地财政的改革等措施。三地政府应该集中精力进行产业升级，合理配置不同产业资源。在不同的经济发展水平和不同的经济发展阶段，应综合权衡土地要素的整体社会效益、土地要素投入的环境效益与经济效益。从片面追求土地要素投入的经济效益转变为综合考虑土地要素投入的整体社会效益与环境效益，不断向以创新驱动为主的发展模式转变，摆脱单纯依靠要素驱动的发展模式。在经济发展过程中不仅注重增长速度，更要注重发展质量，降低高技术企业的土地租赁成本和融资成本。通过开展试点示范，引导和鼓励制造业企业加大前端设计、研发和后端销售的资金投入，创新需求导向型模式，开拓个性化定制、产品全生命周期管理等活动，不断延伸制造业企业价值链，推动制造业企业由单一制造模式转为研发、设计、生产、销售等新型一体化模式。

推动企业资产证券化，鼓励金融机构在京津冀尝试设备（动产）信托等业务，帮助企业盘活现金流。设备（动产）信托业务是由设备的所有者（制造商）作为委托人与信托机构签订信托协议，将设备信托给信托机构，信托机构发给委托人“信托受益权”证书，而将财产出租或出售给资金紧张的用户，委托人通过出售信托受益权证书，可以尽早收回动产的贷款。由信托机构代办委托人延期收款的销售事务，减轻了委托人的负担，在用户资金不足的情况下，采用分期付款，扩大了动产设备的销路。车辆及其他运输设备、机械设备（如建筑机械、机床、医疗器械、停车场设备）的生产厂商都可以采用这种融资方式。这种融资方式的推广既为设备的买卖双方盘活了资金，又使得信托机构回归主业，起到拓宽企业融资渠道的作用。

此外，为金融机构开发满足产业升级需求的专业化金融产品提供便利，开展政府、金融机构和企业的深度合作，尝试项目融资、并购服务、商圈担保等多种方式，积极满足协同发展中的金融服务需求。

（三）重视数据要素，以金融业服务升级助推京津冀其他产业升级

数据是一种新型生产要素，作为基础性资源，能大幅提升其他要素的生产效率。数据要素市场化配置是以数据流带动技术流、资金流、人才流、物资流，促进资源配置优化。移动互联网、物联网等技术的发展应用，引爆了数据的海量增长，推动资金和物资等配置更趋优化、社会分工和生产方式更加高效。大数据的深度应用还催生了新商业模式和新业态。数字金融服务就是依托移动互联、云计算和大数据等数字技术，并与传统金融相结合的新一代金融业态。

数字金融服务主要包括数字货币、互联网支付、移动支付、网上银行、金融服务外包及网上保险、网上基金、网上证券交易等金融服务。重视数据要素，从降低投融资成本，提高投融资效率，拓宽投融资渠道，提升金融的服务效率和覆盖范围入手，增强金融作为中介的信息搜集能力，从而推动金融发展。技术创新不仅是企业提升竞争力的重要方式，而且是产业升级的持久动力。京津冀金融机构要利用数字人民币试点优势开发出“碎片化、定制化、场景化”的数字化金融产品（见表8－3），激活共享、便捷、高效、普惠等数字金融的特点，实现数字金融的巨大创新。鼓励数字金融下乡，提升弱势群体对数字金融产品的使用能力，以激发其创业热情，提升其创业能力。力争构建覆盖全国、深度融合、互利共赢的国内金融新秩序。

表8－3　　　　数字金融服务形式

金融/科技维度	互联网	人工智能	区块链	云计算	大数据
结算服务（支付与清算）	互联支付	支付	跨境交易及其支付	开放云平台、云计算平台、定制化云软件	点对点汇兑
融资服务	网络借贷	贷款及审批	合约		征信、信用评级
理财服务	证券	投资顾问	资产证券化		量化投资
风险管理	风险控制	风险检测与控制	风险控制		风险控制
监管平台	金融信息	科技监管	分布式监管		征信监管
其他业态	网络金融超市	运营（营销与催收）	数字货币		数据搜集分析

资料来源：笔者整理。

参考文献

1. 徐诺金．金融生态论——对传统金融理论的挑战［M］．北京：中国金融出版社，2007.

2. 周小川．完善法律制度，改善金融生态［N］．金融时报，2004－12－7.

3. ［美］雷蒙德·戈德史密斯．金融结构和金融发展［M］．上海：上海三联书店，1990.

4. ［美］麦金农．经济发展中的货币与资本［M］．上海：上海人民出版社，1997.

5. ［美］爱德华·肖．经济发展中的金融深化［M］．北京：中国社会科学出版社，1989.

6. 白钦先．金融可持续发展研究导论［M］．北京：中国金融出版社，2001.

7. 徐诺金．论我国的金融生态问题［J］．金融研究，2005（2）：35－45.

8. 郭树清．不改善金融结构中国经济将没有出路［J］．国际经济评论，2012（4）：9－16.

9. 白钦先，高霞．日本产业结构变迁与金融支持政策分析［J］．现代日本经济，2015（2）：1.

10. 林毅夫，孙希芳，姜烨．经济发展中的最优金融结构理论初探［J］．经济研究，2009，44（8）：4－17.

11. 王兆星．中国金融结构论［M］．北京：中国金融出版社，1991.

12. 龚强，张一林，林毅夫．产业结构、风险特性与最优金融结构［J］．经济研究，2014，49（4）：4－16.

13. 林毅夫，章奇，刘明兴．金融结构与经济增长：以制造业为例［J］．世界经济，2003（1）：2－21.

14. 张成思，刘贯春．经济增长进程中金融结构的边际效应演化分析［J］．经济研究，2015，50（12）：84－99.

15. 周莉萍. 金融结构理论：演变与述评［J］. 经济学家，2017，3（3）：79－89.

16. 景光正，李平，许家云. 金融结构、双向 FDI 与技术进步［J］. 金融研究，2017（7）：62－71.

17. 张杰. 中国产业结构转型升级中的障碍、困局与改革展望［J］. 中国人民大学学报，2016，30（5）：29－37.

18. 林春. 金融发展、技术创新与产业结构调整——基于中国省际面板数据实证分析［J］. 经济问题探索，2016（2）：40－48.

19. 张晓燕，冉光和，季健. 金融集聚、城镇化与产业结构升级——基于省级空间面板数据的实证分析［J］. 工业技术经济，2015，34（9）：123－130.

20. 刘世锦. 为产业升级和发展创造有利的金融环境［J］. 上海金融，1996（4）：3－4.

21. 罗超平，张梓榆，王志章. 金融发展与产业结构升级：长期均衡与短期动态关系［J］. 中国软科学，2016（5）：21－29.

22. 杨德勇，董左卉子. 资本市场发展与我国产业结构升级研究［J］. 中央财经大学学报，2007（5）：45－50.

23. 马正兵. 中国金融发展的经济增长效应与路径分析［J］. 经济评论，2008（3）：41－47.

24. 曾繁清，叶德珠. 金融体系与产业结构的耦合协调度分析——基于新结构经济学视角［J］. 经济评论，2017（3）：134－147.

25. 姚华，宋建. 中国金融发展与产业结构升级协整关系的多指标交叉检验［J］. 湖南大学学报（社会科学版），2016，30（1）：76－82.

26. 付海艳. 金融结构与产业成长：互动机制和未来方向［J］. 中南财经政法大学学报，2016（5）：15－20.

27. 王立国，赵婉妤. 我国金融发展与产业结构升级研究［J］. 财经问题研究，2015（1）：22－29.

28. 周晓艳，高萌，贺文慧. 金融发展、产业结构和地区资本配置效率［J］. 中央财经大学学报，2015（5）：38－45.

29. 彭俞超. 金融功能观视角下的金融结构与经济增长——来自 1989～2011 年的国际经验［J］. 金融研究，2015（1）：32－49.

30. 张朝. 中国资本市场发展对产业结构调整的影响研究［D］. 北京：中央财经大学，2016.

31. 傅缨捷．中等收入国家产业结构优化的影响因素［D］．长春：吉林大学，2015.

32. 张巍钰．中部地区金融发展与产业结构升级理论及实证研究［D］．长沙：湖南大学，2014.

33. 张辉，刘鹏，于涛，安虎森，戚安邦．金融空间分布、异质性与产业布局［J］．中国工业经济，2016（12）：40－57.

34. 俞颖，苏慧琨，李勇．区域金融差异演进路径与机理［J］．中国工业经济，2017（4）：74－93.

35. 李力行，申广军．经济开发区、地区比较优势与产业结构调整［J］．经济学（季刊），2015，14（3）：885－910.

36. 姚耀军，董钢锋．中小企业融资约束缓解：金融发展水平重要抑或金融结构重要？——来自中小企业板上市公司的经验证据［J］．金融研究，2015（4）：148－161.

37. 黄亮雄，安苑，刘淑琳．中国的产业结构调整：基于三个维度的测算［J］．中国工业经济，2013（10）：70－82.

38. 严成樑，吴应军，杨龙见．财政支出与产业结构变迁［J］．经济科学，2016（1）：5－16.

39. 王璇璇．金融结构、通胀预期与融资成本［D］．大连：东北财经大学，2016.

40. 邢天才，王璇璇，郭凯．金融结构、通胀预期与融资成本短期波动：基于VEC模型的实证研究［J］．国际金融研究，2017（6）：13－23.

41. 褚敏，踪家峰．政府干预、金融深化与经济结构转型——基于“新东北现象”的考察［J］．中国软科学，2018（1）：63－76.

42. 洪银兴．产业结构转型升级的方向和动力［J］．求是学刊，2014（1）：57－61.

43. 邓向荣，刘乂强．金融集聚对产业结构升级作用的实证分析［J］．南京社会科学，2013（10）：31－39.

44. 张银银，邓玲．创新驱动传统产业向战略性新兴产业转型升级：机理与路径［J］．经济体制改革，2013（5）：97－101.

45. 陆立军，于斌斌．传统产业与战略性新兴产业的融合演化及政府行为：理论与实证［J］．中国软科学，2012（5）：28－39.

46. 陈美池．中国对外直接投资对产业升级的影响［J］．特区经济，

2015 (11): 19 - 23.

47. 潘素昆，袁然. 不同投资动机 OFDI 促进产业升级的理论与实证研究 [J]. 经济学家，2014 (9): 69 - 76.

48. 周昌林，魏建良. 产业结构水平测度模型与实证分析——以上海、深圳、宁波为例 [J]. 上海经济研究，2007 (6): 15 - 21.

49. 曹明福，李树民. 全球价值链分工：从国家比较优势到世界比较优势 [J]. 世界经济研究，2006 (11): 11 - 15.

50. 李媛媛，金浩. 金融创新对产业结构优化的效应研究 [J]. 财经问题研究，2016 (9): 23 - 27.

51. 蒋仁爱，冯根福. 贸易、FDI、无形技术外溢与中国技术进步 [J]. 经济研究，2012 (9): 49 - 60.

52. 刘方龙，吴全能. "就业难"背景下的企业人力资本影响机制 [J]. 管理世界，2013 (12): 145 - 159.

53. 潘越，宁博，纪翔阁，戴亦一. 民营资本的宗族烙印：来自融资约束视角的证据 [J]. 经济研究，2019 (7): 94 - 110.

54. 施炳展. 中国企业出口产品质量异质性：测度与事实 [J]. 经济学 (季刊)，2013，13 (1): 263 - 284.

55. 唐清泉，巫岑. 银行业结构与企业创新活动的融资约束 [J]. 金融研究，2015 (7): 116 - 134.

56. 王海成，许和连，邵小快. 国有企业改制是否会提升出口品质量 [J]. 世界经济，2019，42 (3): 96 - 119.

57. 王永进，施炳展. 上游垄断与中国企业产品质量升级 [J]. 经济研究，2014，49 (4): 116 - 129.

58. 马亚明，苏昱冰. 金融支持供给侧结构性改革的理论探讨、实证分析和滨海新区实践——基于柯布道格拉斯生产函数的分析 [J]. 经济问题探索，2017 (4): 147 - 154.

59. 苏昱冰. 基于金融监管角度的影子银行全面测算和影响研究 [J]. 经济问题，2015 (12): 62 - 67.

60. 钟宁桦，刘志阔. 我国企业债务的结构性问题 [J]. 经济研究，2016 (7): 102 - 117.

61. 李林森，曾省晖. 金融支持房地产去库存成效 [J]. 中国金融，2017 (9): 105 - 106.

62. 中国经济增长前沿课题组．中国经济增长的低效率冲击与减速治理［J］．经济研究，2014（12）：4－17，32.

63. 王兵，颜鹏飞．技术效率、技术进步与东亚经济增长——基于 APEC 视角的实证分析［J］．经济研究，2007（5）：91－103.

64. 沈婷，陈刚．金融多样性与收入不平等——基于中国经验数据的实证研究［J］．当代经济科学，2014，36（4）：26－36，125.

65. 孙晶，李涵硕．金融集聚与产业结构升级——来自 2003～2007 年省际经济数据的实证分析［J］．经济学家，2012（3）：80－86.

66. 李小荣，万钟，陆瑶．劳动力市场与公司金融关系研究进展［J］．经济学动态，2019（3）：120－133.

67. 陈晓升，刘煜辉．中国地区金融生态环境评价（2009～2010）［M］．北京：社会科学文献出版社，2011.

68. 大成企业研究院．科技企业发展对金融供给侧改革的需求研究［J］．经济研究参考，2016（46）：86－105.

69. 邓淇中．区域金融生态系统运行效率及协调发展研究［M］．北京：中国金融出版社，2012.

70. 孔东民，王亚男，代昀昊．为何企业上市降低了生产效率？——基于制度激励视角的研究［J］．金融研究，2015（7）：76－97.

71. 刘贯春．金融资产配置与企业研发创新："挤出"还是"挤入"［J］．统计研究，2017（7）：49－61.

72. 柳光强．税收优惠、财政补贴政策的激励效应分析——基于信息不对称理论视角的实证研究［J］．管理世界，2016（10）：62－71.

73. 卢馨，郑阳飞，李建明．融资约束对企业 R&D 投资的影响研究——来自中国高新技术上市公司的经验证据［J］．会计研究，2013（5）：51－58.

74. 鲁桐，党印．公司治理与技术创新：分行业比较［J］．经济研究，2014（6）：115－127.

75. 罗福凯，杨本国．美欧技术资本理论研究进展：1915～2015 年［J］．国科技论坛，2018（6）：179－188.

76. 马君潞，郭牧炫，李泽广．银行竞争、代理成本与借款期限结构——来自中国上市公司的经验证据［J］．金融研究，2013（4）：71－84.

77. 毛道维，毛有佳．科技金融的逻辑［M］．北京：中国金融出版社，2015.

78. 阙方平，陶雄华．中国金融生态制度变迁研究——金融运行中的矛盾与调和［M］．北京：中国金融出版社，2014.

79. 石晓军，王傲然．独特公司治理机制对企业创新的影响——来自互联网公司双层股权制的全球证据［J］．经济研究，2017（1）：149－164.

80. 石晓军，张顺明，李杰．商业信用对信贷政策的抵消作用是反周期的吗？来自中国的证据［J］．经济学（季刊），2010，9（1）：213－236.

81. 田轩．创新的资本逻辑：用资本视角思考创新的未来［M］．北京：北京大学出版社，2018：7.

82. 童卫华．机构投资者与公司治理：新趋势和研究展望［J］．证券市场导报，2018，311（6）：28－33.

83. 汪昌云，钟腾，郑华懋．金融市场化提高了农户信贷获得吗？——基于农户调查的实证研究［J］．经济研究，2014（10）：33－45.

84. 王斌，解维敏，曾楚宏．机构持股、公司治理与上市公司 R&D 投入——来自中国上市公司的经验证据［J］．科技进步与对策，2011，28（6）：78－82.

85. 王春燕．融资融券对企业创新投资及效率的影响研究［D］．济南：山东大学，2018.

86. 王国刚，冯光华．中国地区金融生态环境评价（2013－2014）［M］．北京：社会科学文献出版社，2015.

87. 徐欣，唐清泉．技术研发、技术引进与企业主营业务的行业变更——基于中国制造业上市公司的实证研究［J］．金融研究，2012（10）：193－206.

88. 闫海．金融生态视角下的银行私法发展研究［M］．北京：知识产权出版社，2014.

89. ［美］约瑟夫·熊彼特．经济分析史［M］．朱泱，李宏译．北京：商务印书馆，2011.

90. 张成思，张步昙．中国实业投资效率下降之谜：经济金融化视角［J］．经济研究，2016（12）：32－46.

91. 张帆．金融发展影响绿色全要素生产率的理论和实证研究［J］．中国软科学，2017（9）：154－167.

92. 张劲帆，李汉涯，何晖．企业上市与企业创新——基于中国企业专利申请的研究［J］．金融研究，2017（5）：160－175.

93. 张学勇，张叶青．风险投资、创新能力与公司 IPO 的市场表现［J］.

经济研究，2016（10）：112－125.

94. 章成帅．政府研发资助对企业 R&D 支出及技术创新的效应研究——以大中型企业为例［D］．北京：中央财经大学，2017.

95. 钟腾，汪昌云．金融发展与企业创新产出——基于不同融资模式对比视角［J］．金融研究，2017（12）：127－142.

96. 冯菲．金融资本形成的理论和历史分析——兼论中国金融资本的形成［D］．天津：南开大学，2007.

97. 金碚．中国工业的转型升级［J］．中国工业经济，2011（7）：5－14.

98. 申明浩，杨永聪．基于全球价值链的产业升级与金融支持问题研究——以中国第二产业为例［J］．国际贸易问题，2012（7）：3－11.

99. 王柏玲，李慧．关于区域产业升级内涵及发展路径的思考［J］．辽宁大学学报（哲学社会科学版），2015（5）：73－80.

100. 王定祥，李伶俐，冉光和．金融资本形成与经济增长［J］．经济研究，2009（9）：39－51.

101. 王勋，Johansson. 金融抑制与经济结构转型［J］．经济研究，2013（1）：54－67.

102. 熊勇清，侯玲玲．传统产业效率提升促进政策的变迁及特征分析——政策文本计量分析视角［J］．软科学，2013（5）：32－26.

103. 张建刚，张云风，康宏．产融结合视角下中国金融业沿“一带一路”走出去的思考［J］．国际贸易，2018（3）：56－60.

104. 张银银，邓玲．创新驱动传统产业向战略性新兴产业转型升级：机理与路径［J］．经济体制改革，2013（5）：97－101.

105. 吴敬琏．路径依赖与中国改革——对诺斯教授演讲的评论［J］．改革，1995（3）：57－59.

106. 朱富强．如何通过比较优势的转换来实现产业升级——评林毅夫的新结构经济学［J］．学术月刊，2017（49）：64－79.

107. 张其仔．比较优势的演化与中国产业升级路径的选择［J］．中国工业经济，2008（9）：58－68.

108. 丁浩．产业结构转型、经营效率与城商行不良贷款率［J］．上海金融，2018，455（6）：79－84.

109. 曹东坡，赖小鹏．产业结构升级对银行风险承担的影响［J］．南方金融，2019（6）：33－37.

110. 王广宇，韩亚峰，郭小丹．金融安全视角下不良资产形成机理研究——经济转型还是企业骗贷［J］．国际金融研究，2019，382（2）：87－96.

111. 白钦先，杨涤．新资源要素和经济增长发展理论［J］．中国人口·资源与环境，2001（4）：4－6.

112. 韩国文，王浩权．论金融生态的研究意义与金融生态学的研究内容［J］．西北师大学报（社会科学版），2008（1）：123－127.

113. 韩廷春，赵志赞．金融生态影响经济增长的机制分析［J］．公共管理评论，2009（5）：98－111.

114. 韩廷春，喻伟．金融生态系统与生物生态系统的内相似性研究［J］．国际金融研究，2010（2）：83－95.

115. 王静，孙园青．金融生态系统的突变分析［J］．金融理论与实践，2010（8）：18－20.

116. 徐东华．我国产业转换与产业升级问题［J］．经济管理，1999（5）：3－5.

117. 刘志彪．发达国家技术创新与产业结构高度化的趋势［J］．南京大学学报（哲学．人文科学．社会科学版），2000（1）：29－37.

118. 刘建江，徐长生，袁冬梅．中国制造业存在的问题及发展对策［J］．世界经济与政治论坛，2004，5：10－15.

119. 高燕．基于新型工业化的产业升级特征分析［J］．统计与决策，2006，5：101－102.

120. 李春景，杜祖基，曾国屏．知识密集型服务业与香港产业结构高级化问题［J］．科学学研究，2006，5：715－721.

121. 徐佳宾．产业活动的价值构成与主导模式［J］．财贸经济，2005，9：13－18，96.

122. 李江涛，孟元博．当前产业升级的困境与对策［J］．国家行政学院学报，2008，9：81－84，96.

123. 白钦先．再论金融可持续发展［J］．中国金融，1998，7：3－5.

124. 白钦先．再论以金融资源论为基础的金融可持续发展理论——范式转换、理论创新和方法变革［J］．国际金融研究，2000，2：7－14.

124. 崔满红，郭威．金融资源理论：一个新的理论分析框架［J］．经济学动态，2005，9：69－71.

125. 崔满红．金融资源理论研究（二）：金融资源［J］．城市金融论坛，1999，5：3－5.

126. 刘宏海．绿色金融助推京津冀协同发展［J］．银行家，2017，12：22－24.

127. 胡耀亭，陈作华．创新资本形成："双区"建设的优先目标与实现路径［J］．深圳大学学报（人文社会科学版），2020，2：82－90.

128. ［美］迈克尔·波特．竞争的优势［M］．北京：华夏出版社，2005.

129. 哈肯．协同学——大自然构成的奥秘［M］．上海：上海译文出版社出版，2005.

130. 戈德史密斯．金融结构与金融发展［M］．上海：上海三联出版社，1988.

131. 郑春美，许玲玲，胡肖夫．国外促进科技型小微企业发展措施及对中国的启示［J］．科技进步与对策，2013，13：83－87.

132. 杨海洋．德国制造业优势产生并保持的原因分析［J］．改革与战略，2013，1：116－121.

134. Allen F，Gale D. Bubbles and Crises［J］．National Bureau of Economic Research，2000（5）：173－175.

135. Robert C. Merton，Zvi Bodie，etc. The Global Financial System：A Functional Perspective［R］．Harvard Business Press，1995.

136. Gereffi G. International Trade and Industrial Upgrading in the Apparel Commodity Chain［J］．Journal of International Economics，1999，48（1）：37－70.

137. Humphrey J，Schmitz H. How Does Insertion Global Value Chains Effect Upgrading in Industrial Clusters?［J］．Regional Studies，2002，36（9）：1017－1027.

138. Poon. Beyond the Global Production networks：A Case of Further Upgrading of Taiwan's Information Technology Industry［J］．International Journal of Technology and Globalization，2004，1（1）：130－144.

139. Altenburg，Schmitz and Stamm. Breakthrough? China's and India's Transition from Production to Innovation［J］．World Development，2008，36（2）：325－333.

140. Azadegan A, Wagner S M. Industrial Upgrading Exploitative Innovations and Exploitative Innovations [J]. International Journal of Production Economics, 2011 (5): 122 - 133.

141. Humphrey J and Schmitz H. Governance and Upgrading: Linking Industrial Cluster and Global Value Chain Research [D]. Institute of Development Studies, Brighton, 2000.

142. Gole T, Sun T. Financial Structures and Economic Outcomes: An Empirical Analysis [R]. IMF Working Papers, 2013, 13 (121).

143. Graff M. Is There an Optimum Level of Financial Activity? [R]. KOF Working Paper, 2005, No. 106.

144. Ana Maria Herrera, Raoul Minetti. Informed Finance and Technological Change: Evidence from Credit Relationships [J]. Journal of Financial Economics, 2015, 83 (1): 223 - 269.

145. Benjamin Montmartin and Marcos Herrera. Internal and External Effects of R&D Subsidies and Fiscal Incentives: Empirical Evidence Using Spatial Dynamic Panel Models [J]. Research Policy, 2015, 44 (5): 1065 - 1079.

146. Aghion P, Van Reenen J, Zingales L. Innovation and Institutional Ownership [J]. The American economic Review, 2013, 103 (1): 277 - 304.

147. Beck T, Demirgue-Kunt A, Maksimovic V. Financial and Legal Constraints to Growth: Does Firm Size Matter? [J]. Journal of Finance, 2004 (1): 137 - 177.

148. Carlin W and C Mayer. Finance, Investment and Growth [J]. Journal of Financial Economics, 2003 (69): 191 - 226.

149. Combes P P, Gilles D, Laurent G, et al. The Productivity Advantages of Large Cities: Distinguishing Agglomeration from Firm Selection [J]. Econometrica, 2012, 80 (6): 2543 - 2594.

150. Hassan M K, Sanchez B, Yu J S. Financial Development and Economic Growth: New Evidence from Panel Data [J]. Quarterly Review of Economics & Finance, 2011, 51 (1): 88 - 104.

151. Hellmann T, Murdock K, Stiglitz J. Financial Restraint: Towards a New Paradigm [J]. Role of Government in East Asian Economic Development, 1997: 163 - 208.

152. Hessling A, H P. The Global System of Finance [J]. American Journal of Economics & Sociology, 2006, 65 (1): 189 – 218.

153. Laopodis N T, Papastamou A. Dynamic Interactions Between Stock Markets and the Real Economy: Evidence from Emerging Markets [J]. International Journal of Emerging Markets, 2016, 11 (4): 715 – 746.

154. Lee B S. Bank-based and market-based financial systems: Time-series evidence [J]. Pacific-Basin Finance Journal, 2012, 20 (2): 173 – 197.

155. Nakamura, Yasushi. The Relationship between the Real and Financial Economies in the Soviet Union: An Analysis of Government Debts Using Newly Available Data [J]. Explorations in Economic History, 2017, 66: 65 – 84.

156. Owen A L, Pereira J. Bank Concentration, Competition, and Financial Inclusion [J]. Review of Development Finance, 2018, 8 (1): 1 – 17.

157. Papers F W. Bank-Specific Shocks and the Real Economy [J]. Journal of Banking & Finance, 2011, 35 (8): 2179 – 2187.

后　　记

本书是笔者2017年承担的河北省社会科学基金项目“京津冀金融生态协同创新驱动产业升级”（项目编号：HB17YJ028）的最终研究成果。

在本项目的研究过程中，国际、国内的经济形势发生着巨大的变化。从外部环境看，美国在全球制造贸易摩擦给世界经济稳定增长造成巨大风险，全球产业格局和金融稳定受到冲击，世界经济运行风险和不确定性显著上升，国际投资者信心明显不足；从内部环境看，解决国内长期存在的结构性、体制性矛盾需要一个过程，国内改革攻坚，经济结构调整，经济运行面临着新的下行压力，企业利润恶化，实体经济承压仍面临较多困难，投资风险加剧。在此背景下，金融生态协同创新驱动京津冀产业升级问题的研究需要对标国际产业链分工和金融格局的变化不断探索和推进。

在本书的写作过程中，查阅了大量的国内外文献和资料，吸收了很多与之相关的研究成果，借鉴了很多专家和学者的观点，在此表示诚挚的感谢！

许冀艺

2020年9月